U0476157

阿坝州社科丛书

图说阿坝禹迹

易庆 罗进勇 编著

四川民族出版社

图书在版编目（CIP）数据

图说阿坝禹迹 / 易庆，罗进勇编著. ––成都：四川民族出版社，2023.7
ISBN 978-7-5733-1212-9

Ⅰ.①图… Ⅱ.①易… ②罗… Ⅲ.①禹–文化–阿坝藏族羌族自治州–图解 Ⅳ.①K827=1

中国国家版本馆 CIP 数据核字（2023）第 079012 号

图说阿坝禹迹
TUSHUO ABA YUJI

易庆　罗进勇　编著

出 版 人	泽仁扎西
责任编辑	陈　晔
责任印制	谢孟豪
出　　版	四川民族出版社（四川省成都市青羊区敬业路 108 号）
邮政编码	610091
设计制作	成都圣立文化传播有限公司
印　　刷	四川金邦印务有限公司
成品尺寸	170mm × 240mm
印　　张	15.75
字　　数	240 千
版　　次	2023 年 7 月第 1 版
印　　次	2023 年 7 月第 1 次印刷
书　　号	ISBN 978-7-5733-1212-9
定　　价	68.00 元

著作权所有·侵权必究

阿坝州社会科学事业专项资金
资助项目出版说明

　　阿坝州社会科学事业专项资金资助项目旨在鼓励广大社科研究者潜心治学，扶持基础研究的优秀成果。它是经过严格评审，从业已完成的科研成果中遴选确定的。为扩大社科资金资助项目的影响，更好地推动学术发展，促进成果转化，州社科联按照"统一标识、统一版式、符合主题、封面各异"的总体要求，组织出版阿坝州社科资金资助项目。

阿坝州社会科学界联合会

序 一

旺 娜

岷江纵汶川，石纽入云间。治水三万里，功勋四千年。

"古之立大事者，不惟有超世之才，亦必有坚忍不拔之志。昔禹之治水，凿龙门，决大河而放之海。方其功之未成也，盖亦有溃冒冲突可畏之患；惟能前知其当然，事至不惧，而徐为之图，是以得至于成功。"这是1000多年前，北宋苏轼在其《晁错论》中对大禹治水精神蕴含的锐意进取、锲而不舍、勇于开拓的高度赞扬。大禹精神作为中华文明精神宝库中的重要组成部分，至今仍值得大力推崇和弘扬。

水患今已平，禹迹何处寻？行于汶水畔，处处见遗痕。汶川县是汉代汶山郡的核心区域，为古西羌的腹心地，也是历史考证的大禹出生地。近年来，汶川一批大禹文化学者、研究者，以大禹出生地为圆心，以大禹足迹为半径，对大禹历史文化和禹迹遗址进行田野调查，系统、全面地开展内业整理工作，耗时三年有余，编著出《图说阿坝禹迹》一书，成为阿坝藏族羌族自治州社科类书籍的重要部分。本书搜集整理了阿坝藏族羌族自治州境内的117处大禹文化遗址遗迹，从中不难发现大禹文化正是阿坝人民的集体记忆和宝贵的精神财富。它像一条纽带，将过去、现在和将来串联起来，不仅见证了阿坝藏族羌族自治州特别是汶川县城市乡村发展的历史脉络，同时也见证了勤劳勇敢的阿坝人民保护生态，建立人与自然和谐共生，从贫穷走向小康幸福生活的奋斗历程，尤其是展现了"艰苦奋斗、大公无私、锐意进取、勇于开拓"的大禹精神与中华民族共同体意识一脉相承、绵延至今的生动画面。

《图说阿坝禹迹》即将付梓，其社会价值、文学价值、历史价值和现实意义不言而喻。希望本书能成为大禹文化爱好者、学者、研究者之间文化对话、沟通交流的一座桥梁；愿大禹精神这束历史文化之光继续照亮汶川"无忧地·慢生活"国家级旅游度假区，福泽阿坝、福泽汶川！

略赘数语，谨为序。以贺汶川的朋友们！

2022年8月
（旺娜，汶川县人民政府原县长）

序 二

王嘉陵

历史上，禹源自远古的传说。

三皇五帝是神话传说，是中华历史的源头，禹也是。有所不同的是，禹或应该是一个介乎神话传说和历史王朝之间的人物，是继三皇五帝之后史上第一人，是夏朝第一代王。禹，姒姓，鲧之子，又称崇禹、戎禹、伯禹、大禹。禹出世之前，洪水肆虐，鲧治水失败。禹承父业治水，主以疏导之法平水治土，拯民于洪灾，并促进农业社会的发展，其功昭日月，得以承继舜位，开启了华夏第一王朝。禹治水时，历八年，三过家门而不入，足迹遍布九州。他也把疏导之法应用于国家治理，划分九州，开辟了传之后世的贡税制度。开启一个王朝，不仅要能治水，也要德才兼备，能治理国家。

20世纪初期以来，众多历史学家努力从扑朔迷离的神话传说和考古学的发现中去挖掘和定义中华历史的源头。夏朝始于公元前21世纪，已得到应用于考古学上的新的技术方法的支持。放射性碳素测定采用一种称作AMS

的方法，极大地提高了测定年代的精度，可以测定详细的年代，这样根据已知的商朝后期的一个年代，测定出商的起始年代，加上稍后文献记录的禹至桀的年代时数，估计为公元前2070年（见宫本一夫《从神话到历史》，广西师范大学出版社出版）。这种结论尽管仍然存在局限性，但于远古时代的研究已经是一个大的进步。至于禹的事迹，则必须从文字记载去寻找，但文字的源头"河图洛书"仍然是一个神话传说。《易·系辞上》载："河出图，洛出书，圣人则之。"传伏羲氏时，有龙马背负河图，有神龟背负洛书，分别出现于黄河和洛水，伏羲根据"河图洛书"画成八卦，之后成为《周易》的来源。而"河图洛书"也与禹有关，禹治水时曾用到"河图洛书"，受到"河图洛书"的指引和影响，这毫无疑问仍然是神话传说。禹真正见诸文字记载是在春秋时期及之后。著名的春秋秦公簋、叔夷钟、叔夷镈等青铜器物铭文，儒家的经典《易》《尚书》以及战国时期成书的《竹书纪年》等，均有对夏禹的记述。不过，这些文字载体距禹的时代已经有一千三四百年之久，相当于我们生活的当代距离唐代的时长。禹的时代没有发现文字，目前出土最早的甲骨文书，是已经发现的最早的中国文字，距禹的时代也有上千年之久。那么长久的时间，口口相传，一直到春秋战国时才有对禹的文字记载，到汉代司马迁、扬雄等人著书，才进一步完善了禹开启夏的说法。现代历史学者给出的答案是自战国时代各诸侯和汉朝宗室，为显示其正统性，才开始把禹与夏王朝的始祖联系在一起。此说在汉代得以完善和成立,在汉以后得以延续。这样,禹也很可能是千年之上若干治水者的一个化身。汉以后,这其中也伴随历史演进逐步显现出它携带的中华文化价值评判体系,即与儒家学说相契合的文化功能需求的影响。

仅仅依据上面的叙述,我们很容易陷入一种不能自拔的矛盾之中。但细思之下,这就是中国的历史:禹多半是一种神话传说,但你不能想象没有禹的华夏史的缘起。前一段时间我偶然读到基辛格的《论中国》,这位当代兼具实操外交家性质的学者有这样一段对中国的描述:"一个社会或国家常认为自己将亘古永存,并对自己起源的传说倍加珍视。中华文明的一个特点是,它似乎没有起点。中华文明不是作为一个传统意义上的民族国家,而是作为一种永恒的自然现象在历史上出现。"这是一个外国学者对中华文明特征的一种描述,但恰恰能与我们的某些认知相契合。现在,我书房的案头放置了一部书稿,它也能有助于理解上述内容,这就是易庆嘱我为其作一小序的《图说阿坝禹迹》。

翻看之下,此书围绕阿坝禹迹搜集并编选文献和信息,有始于春秋战国时期古籍中关于禹的各种记载以及汉、唐以降历代典籍对禹的阐述,有古今学者对禹的研究的论著,也有民间传说、神话故事和诗歌韵文及其他文学体裁作品,内容丰富,揭示了大禹文化研究和流传的全貌。这些文献集中于一书,其价值不在于直接给出研究的结论,而在于可以让读者和研究者免于搜求之苦,为他们提供较多的知识信息,让他们从中获得某些启发或进一步研究问题的线索和基础。

根据传说，大禹治水，足迹遍于九州，所以也称九州大地为禹迹。本书将"禹迹"一词写入书名，合于"以文化成天下"的做法，旨在彰显禹宏大的文化功用。自战国时《竹书纪年》到汉代扬雄《蜀王本纪》等书，皆有禹出生于广柔石纽的记载，广柔即是古代汶川的地名。本书除收录文献之外，还收录阿坝的山川锦绣（传说中的禹迹）、地方文物遗迹（寺庙祠堂等），亦是借此彰显阿坝和汶川在文化史和文化建设上的影响力，这是显而易见的，也是应该嘉许的。

我长期做图书馆工作，一直有一种期待，希望看见一些有学养的图书馆员，除了为社会读者服务之外，也能够利用资源之便，做一些文献整理和研究的工作。图书馆员在熟悉文献资源和检索文献方面具有得天独厚的条件，不这样做，有些可惜。这样做了，既是对自己的提升，也推进阅读服务的深化展开，有益于社会。汶川县图书馆馆长易庆和博物馆原馆长罗进勇编著的《图说阿坝禹迹》，做的正是这样一件工作。希望他们继续努力。

不揣冒昧，是为序。

2022年10月

（王嘉陵，四川省图书馆研究馆员，文化学者，文献学家）

目 录
contents

历史文献赞禹

002　世系生平

004　禹功圣德

005　名人颂禹

图说阿坝禹迹

010　引　言

017　汶川县禹迹

036　理县禹迹

042　茂县禹迹

049　松潘、九寨沟与小金、金川禹迹

学术名家论禹

054　"禹兴西羌"说新证

060　夏禹文化的新探索

069　"禹兴于西羌"补证

077　夏禹文化研究三题

084　大禹精神与华夏文明

089　大禹出生地考略

古代诗谣颂禹

096　天问（节选）

096　拾遗记（节选）

097　公无渡河（节选）

097　行次昭陵（节选）

098　天池（节选）

098　柴门（节选）

099　史记·夏本纪（索隐述赞）

099　史记·三代世表（索隐述赞）

100　新楼诗二十首·禹庙

- 100 三代门·夏禹
- 101 补乐歌十首·大夏
- 102 禹　庙
- 103 九　鼎
- 103 涂　山
- 104 涂山歌
- 104 于赫神禹
- 105 廿一史弹词（节选）
- 106 谒大禹庙
- 106 寻禹迹
- 107 石纽山
- 108 石纽山圣母祠
- 108 禹　穴
- 109 汶川纪行诗

禹生汶川考证

- 112 大禹诞辰日期与治水年代
- 113 史料考证禹生汶川与物证
- 115 民间祭禹俗证
- 118 颂神禹

大禹民间故事

126	石纽投胎
128	大禹出世
130	大禹断案
137	大禹治病故事
146	大禹耕地
149	涂山联姻
151	禹与女娇
155	禹娶女娇
159	夏禹王治水
161	大禹治水
163	别妻导江
165	禹王治水故事
168	随山刊木
170	治水凿古井
172	神龙助禹治水
174	助禹治水
181	化猪拱山
183	禹与河图
185	大禹助鲧平西海

- 188　禅让勤政
- 192　为人勤政
- 195　闻善则拜
- 200　禹修改歌谣
- 202　大禹铸钟
- 203　禹设九州
- 204　降丘宅土
- 206　禹鼎镇龙
- 207　大禹治水合时令
- 209　九龙山名的传说
- 211　天赦山
- 214　涂禹山
- 216　禹岭三说
- 220　银龟包与大禹营寨
- 222　酸菜炖岷鱼
- 226　五色馍
- 228　荞　面
- 229　荞角果

- 231　后　记

历史文献赞禹

世系生平

　　自黄帝至舜、禹，皆同姓而异其国号，以章明德。故黄帝为有熊，帝颛顼为高阳，帝喾为高辛，帝尧为陶唐，帝舜为有虞。帝禹为夏后而别氏，姓姒氏。——《史记·五帝本纪》

　　黄帝居轩辕之丘，而娶于西陵之女，是为嫘祖。嫘祖为黄帝正妃，生二子，其后皆有天下：其一曰玄嚣，是为青阳，青阳降居江水；其二曰昌意，降居若水。昌意娶蜀山氏女，曰昌仆，生高阳，高阳有圣德焉。黄帝崩，葬桥山。其孙昌意之子高阳立，是为帝颛顼也。——《史记·五帝本纪》

　　夏禹，名曰文命。禹之父曰鲧，鲧之父曰帝颛顼，颛顼之父曰昌意，昌意之父曰黄帝。禹者，黄帝之玄孙而帝颛顼之孙也。——《史记·夏本纪》

　　禹本汶山郡广柔县人也，生于石纽。——扬雄《蜀王本纪》

　　禹本汶山广柔县人也，生于石纽，其地名刳儿坪。——谯周《蜀本纪》

　　禹生于茂州汶川县，本冉駹国，皆西羌。——《史记·六国年表》

　　帝禹有夏氏，母曰脩己，出行，见流星贯昴，梦接意感，既而吞神珠。脩己背剖，而生禹于石纽。虎鼻大口，两耳参镂，首戴钩钤，胸有玉斗，足文履己，故名文命。长有圣德。长九尺九寸，梦自洗于河，以手取水饮之。又有白狐九尾之瑞。当尧之世，舜举之。禹观于河，有长人白面鱼身，出曰："吾河精也。"呼禹曰："文命治淫。"言讫，授禹《河图》，言治水之事，乃退入于渊。禹治水既毕，天锡玄珪，以告成功。夏道将兴，草木畅茂，青龙止于郊，祝融之神，降于崇山。乃受舜禅，即天子之位。洛出《龟书》六十五字，是为《洪范》，此谓"洛出《书》"者也。——《宋书·符

瑞志上》

禹曰:"予(辛壬)娶涂山,(辛壬)癸甲,生启予不子,以故能成水土功。"——《史记·夏本纪》

帝舜荐禹于天,为嗣。十七年而帝舜崩。三年丧毕……禹于是遂即天子位,南面朝天下,国号曰夏后,姓姒氏。——《史记·夏本纪》

禹曰:"鸿水滔天,浩浩怀山襄陵,下民皆服于水。予陆行乘车,水行乘舟,泥行乘橇,山行乘樏,行山刊木。与益予众庶稻鲜食。以决九川致四海,浚畎浍致之川。与稷予众庶难得之食。食少,调有馀补不足,徙居。众民乃定,万国为治。"——《史记·夏本纪》

十年,帝禹东巡狩,至于会稽而崩。以天下授益。三年之丧毕,益让帝禹之子启,而辟居箕山之阳。禹子启贤,天下属意焉。——《史记·夏本纪》

自虞、夏时,贡赋备矣。或言禹会诸侯江南,计功而崩,因葬焉,命曰会稽。会稽者,会计也。——《史记·夏本纪》

禹功圣德

唯禹之功为大，披九山，通九泽，决九河，定九州，各以其职来贡，不失厥宜。方五千里，至于荒服。南抚交阯、北发，西戎、析枝、渠廋、氐、羌，北山戎、发、息慎，东长、鸟夷，四海之内咸戴帝舜之功。于是禹乃兴《九招》之乐，致异物，凤皇来翔。——《史记·五帝本纪》

于是九州攸同，四奥既居，九山刊旅，九川涤原，九泽既陂，四海会同。六府甚修，众土交正，致慎财赋，咸则三壤成赋。中国赐土姓："祗台德先，不距朕行。"——《史记·夏本纪》

禹伤父功不成，劳身焦思，居外十三年……三过其门而不入……于是水害皆息。九州攸同四奥可居。——《史纲评要·夏纪》

禹为人敏给克勤；其德不违，其仁可亲，其言可信；声为律，身为度，称以出；亹亹穆穆，为纲为纪。——《史记·夏本纪》

夏禹卑宫室，恶衣服，后圣不循。由此言之，治之盛也，德优矣，莫高于俭。俭化俗民，则尊卑之序得，而骨肉之恩亲，争讼之原息。斯乃家给人足，刑错之本也欤？可不务哉！——《史记·平津侯主父列传》

禹之时，以五音听治，悬钟鼓磬铎，置鞀，以待四方之士。为号曰："教寡人以道者击鼓，谕寡人以义者击钟，告寡人以事者振铎，语寡人以忧者击磬，有狱讼者摇鞀。"当此之时，一馈而十起，一沐而三捉发，以劳天下之民。此而不能达善效忠者，则才不足也。——《淮南子·氾论训》

名人颂禹

美哉禹功！明德远矣。微禹，吾其鱼乎！吾与子弁冕端委，以治民、临诸侯，禹之力也。子盍亦远绩禹功，而大庇民乎？——《左传·昭公元年》

子曰："禹，吾无间然矣。菲饮食而致孝乎鬼神，恶衣服而致美乎黻冕，卑宫室而尽力乎沟洫。禹，吾无间然矣。"——《论语·泰伯》

孔子曰："我欲观夏道，是故之杞，而不足征也。吾得夏时焉。"——《礼记·礼运》

当尧之时，水逆行，氾滥于中国，蛇龙居之，民无所定；下者为巢，上者为营窟。《书》曰："洚水警余。"洚水者，洪水也。使禹治之。禹掘地而注之海，驱蛇龙而放之菹……昔者禹抑洪水而天下平。——《孟子·滕文公章句下》

禹闻善言，则拜。——《孟子·公孙丑章句上》

孟子曰："天下之言性也，则故而已矣。故者以利为本。所恶于智者，为其凿也。如智者若禹之行水也，则无恶于智矣。禹之行水也，行其所无事也。如智者亦行其所无事，则智亦大矣。天之高也，星辰之远也，苟求其故，千岁之日至，可坐而致也。"——《孟子·离娄章句下》

佥曰："伯禹作司空。"帝曰："俞！咨禹，汝平水土，惟时懋哉！"禹拜稽首，让于稷、契暨皋陶。帝曰："俞！汝往哉！"——《尚书·尧典》

禹曰："於！帝念哉！德惟善政，政在养民。水、火、金、木、土、谷，惟修；正德、利用、厚生，惟和。九功惟叙，九叙惟歌。戒之用休，董之用威，劝之以九歌，俾勿坏。"帝曰："俞！地平天成，六府三事允治，

万事永赖，时乃功。"——《尚书·大禹谟》

鲧则殛死，禹乃嗣兴。天乃锡禹洪范九畴，彝伦攸叙。初一曰五行，次二曰敬用五事，次三曰农用八政，次四曰协用五纪，次五曰建用皇极，次六曰乂用三德，次七曰明用稽疑，次八曰念用庶征，次九曰向用五福，威用六极。——《尚书·洪范》

濬哲维商，长发其祥。洪水芒芒，禹敷下土方。外大国是疆，幅陨既长。——《诗经·商颂·长发》

奄有下国，俾民稼穑。有稷有黍，有稻有秬。奄有下土，缵禹之绪。后稷之孙，实维大王，居岐之阳，实始剪商。——《诗经·鲁颂·閟宫》

子曰："禹立三年，百姓以仁遂焉，岂必尽仁？"——《礼记·缁衣》

芒芒禹迹，画为九州，经启九道。民有寝庙，兽有茂草，各有攸处，德用不扰。——《左传·襄公四年》

禹立谏鼓于朝，而备讯唉。——《管子·桓公问》

昔禹之湮洪水，决江河而通四夷九州也，名山三百，支川三千，小者无数。禹亲自操橐耜而九杂天下之川。腓无胈，胫无毛，沐甚雨，栉疾风，置万国。禹大圣也，而形劳天下也如此。——《庄子·天下》

禹于是疏河决江，十年不窥其家，手不爪，胫不生毛，生偏枯之病，步不相过，人曰禹步。——《尸子·广泽》

禹之法犹存，而夏不世王。故法不能独立，类不能自行；得其人则存，失其人则亡。法者，治之端也。君子者，法之原也。——《荀子·君道》

大禹曰："民无食也，则我弗能使也，功成而不利于民，我弗能劝也。"故凿河而道之九牧，凿江而道之九路，洒五湖而定东海。民劳矣而弗苦者，功成而利于民也。禹尝昼不暇食，夜不暇寝矣，方是时也，忧务故也。故禹与士民同务，故不自言其信，而信谕矣。故治天下，以信为之。——贾谊《新书·脩政语上》

禹、益并治洪水，禹主治水，益主记异物，海外山表，无远不至。以所闻见作《山海经》。非禹、益不能远行，《山海》不造。然则《山海》之造，见物博也……使禹、益行地不远，不能作《山海经》。——王充《论

衡·别通篇》

蜀有汶阜之山，江出其腹，帝以会昌，神以建福，故能沃野千里。淮、济四渎，江为其首，此其一也。禹生石纽，今之汶山郡是也。昔尧遭洪水，鲧所不治，禹疏江决河，东注入海，为民除害，生民已来功莫先者，此其二也。——《三国志·蜀书·秦宓传》

沫水出广柔徼外，县有石纽乡，禹所生也。今夷人共营之，地方百里，不敢居牧。有罪逃野，捕之者不逼，能藏三年，不为人得，则共原之，言大禹之神所祐之也。——《水经注·沫水》

呜呼，洪水滔天，下民愁悲，上帝俞咨。三过吾门不入，父子道衰。嗟嗟不欲烦下民。——郭茂倩《乐府诗集·琴曲歌辞》

伯禹愎鲧，夫何以变化？——屈原《天问》

当尧之时，天下犹未平，洪水横流，氾滥于天下，草木畅茂，禽兽繁殖，五谷不登，禽兽偪人，兽蹄鸟迹之道交于中国。尧独忧之，举舜而敷治焉。舜使益掌火，益烈山泽而焚之，禽兽逃匿。禹疏九河，瀹济漯而注诸海，决汝汉，排淮泗而注之江，然后中国可得而食也。——《孟子·滕文公章句上》

禹、稷当平世，三过其门而不入，孔子贤之；颜子当乱世，居于陋巷，一箪食，一瓢饮，人不堪其忧，颜子不改其乐，孔子贤之。孟子曰："禹、稷、颜回同道。禹思天下有溺者，由己溺之也；稷思天下有饥者，由己饥之也，是以如是其急也。禹、稷、颜子易地则皆然……"——《孟子·离娄章句下》

万章问曰："人有言：'至于禹而德衰，不传于贤，而传于子。'有诸？"孟子曰："否，不然也。天与贤，则与贤；天与子，则与子。昔者，舜荐禹于天，十有七年，舜崩，三年之丧毕，禹避舜之子于阳城，天下之民从之，若尧崩之后不从尧之子而从舜也。禹荐益于天，七年，禹崩，三年之丧毕，益避禹之子于箕山之阴。朝觐讼狱者不之益而之启，曰：'吾君之子也。'讴歌者不讴歌益而讴歌启，曰：'吾君之子也。'……"——《孟子·万章章句上》

昔者，洪水沸出，氾滥衍溢，民人升降移徙，崎岖而不安。夏后氏戚之，乃堙洪原，决江疏河，洒沈澹灾，东归之于海，而天下永宁。当斯之勤，岂惟民哉？心烦于虑，而身亲其劳，躬傶骿胝无胈，肤不生毛，故休烈显乎无穷，声称浃乎于兹。——《汉书·司马相如传下》

或问曰："尧舜传诸贤，禹传诸子，信乎？"曰："然。""然则禹之贤不及于尧与舜也欤？"曰："不然。尧舜之传贤也，欲天下之得其所也；禹之传子也，忧后世争之之乱也。尧舜之利民也大，禹之虑民也深。"

曰："然则尧舜何以不忧后世？"曰："舜如尧，尧传之；禹如舜，舜传。得其人而传之，尧舜也。无其人，虑其患而不传者，禹也。舜不能以传禹，尧为不知人；禹不能以传子，舜为不知人。尧以传舜，为忧后世；禹以传子，为虑后世。"

曰："禹之虑也则深矣，传之子而当不淑，则奈何？"曰："时益以难理，传之人则争，未前定也；传之子则不争，前定也。前定虽不当贤，犹可以守法，不前定而不遇贤；则争且乱。天之生大圣也不数，其生大恶也亦不数。传诸人，得大圣，然后人莫敢争，传诸子，得大恶然后人受其乱。禹之后四百年，然后得桀；亦四百年，然后得汤与伊尹。汤与伊尹不可待而传也。与其传不得圣人而争且乱，孰若传诸子，虽不得贤，犹可守法。"

曰："孟子之所谓'天与贤，则与贤，天与子，则与子'者，何也？"曰："孟子之心，以为圣人不苟私于其子以害天下。求其说而不得，从而为之辞。"——韩愈《对禹问》

图说阿坝禹迹

引 言

一、概述

阿坝藏族羌族自治州大禹文化遗迹遗址调查工作，是经中共汶川县委宣传部批准，汶川县大禹文化保护协会实施，罗进勇和易庆两位同志带队开展的一项重要的调查工作。本次调查工作于2019年7月启动，先后深入汶川、理县、茂县、松潘等县相关乡（镇）、村寨，对大禹文化遗迹进行调查、摄像、录音等田野工作，于12月上旬初步告一段落。内业（室内）文字整理、绘图等工作于12月中旬开始，于2021年3月完成调查报告初稿，并成功申报2021年度阿坝州社会科学事业专项资金资助项目研究课题。

（一）大禹诞生汶川县的历史文化背景

大禹生于汶山郡广柔县（今汶川县），古籍不绝于书。《括地志》云："茂州汶川县石纽山，在县西七十三里。"《史记正义》引扬雄《蜀王本纪》曰："禹本汶山郡广柔县人也，生于石纽。"《水经注》云："禹生于蜀之广柔县石纽村。"杨慎曰："今之石泉县也。石纽村，今之石鼓山。其山朝暮二时，有五色霞气。"

《吴越春秋·越王无余外传》云："禹父鲧者，帝颛顼之后。鲧娶于有莘氏之女，名曰女嬉。年壮未孳，嬉于砥山，得薏苡而吞之，意若为人所感，因而妊孕，剖胁而产高密。家于西羌，地曰石纽。石纽在蜀西川也。"唐萧德言、顾胤《括地志》云："石纽山在茂州汶川县西七十二里。"《大明一统志》载："广柔废县在汶川治西七十三里。"李吉甫《元和郡县志》载："广柔故县，在县西七十二里。汉县也，属蜀郡。禹本汶山广柔人，有石纽邑，禹所生处，今其地名刳儿畔。"清嘉庆十年（1805），李锡书在其所修的《汶志纪略》中，就"禹生汶川"进行了有力的论证。李氏通过实地考察确认："广柔废县在今治（绵虒）之南大邑坪。"

由此，为今天的故乡人民、港澳同胞、台湾同胞、海外侨胞、大禹后裔及社会各界代表公祭大禹，提供了得天独厚的公祭条件。

（二）大禹文化的地位和价值

大禹是华夏民族的治水英雄，也是羌族人民最杰出的代表！大禹是人也是神！"禹生西羌石纽"，是史学界的定论。地处西羌的汶川，是大禹出生的地方，也是羌族文化的发祥地。羌禹文化的组合，有极其深厚的文化底蕴和丰富的文化内涵，旅游开发涉及的产品转换效能非常高。

大禹文化是中华民族优秀文化的重要组成部分，大禹在全世界华人当中知名度极高，大禹文化在国内以及海外也具有很大的影响力，是珍贵的历史文化旅游资源品牌，也是四川省文化旅游开发引以为豪的重点文化旅游资源之一。汶川县的大禹文化内涵极其深厚，境内有着很多与大禹相关的历史文化遗迹，有着开发大禹文化旅游区得天独厚的资源条件。

汶川县的大禹文化旅游区集聚了华夏大禹文化的精华，是国内唯一完整浓缩大禹文化的载体，是大禹文化系列元素的荟萃之地。它向世人昭示：大禹的诞生地汶川是产生中国传统文化的历史沃土，是中国先进文化的发祥地之一，是全世界华夏儿女学习中国历史文化和中外游客了解西羌民风民俗的最佳之地。

2008年"5·12"汶川特大地震后，广东省珠海市援建绵虒镇，通过调查论证，在石纽山下的岷江河畔建造了举世瞩目的大禹祭坛，使其成为全世界华人缅怀祭拜祖先、寻根祭祖必来之地。大禹文化旅游区也成为国内一流的集生态和人文景观于一体的大禹文化胜地，在弘扬中华民族的优秀文化、促进世界对大禹文化的认同、增进中华民族大团结中发挥了不可替代的作用。

二、阿坝藏族羌族自治州境内禹迹

大禹是中华民族千古传颂的治水英雄，"绩奠九州垂万世，统成二帝首三王"。阿坝藏族羌族自治州境内，羌风荡荡，禹迹绵绵。经初步调查统计，阿坝州境内共有禹迹117处，其中山关石坪（山水洞池）类24处、庙宇宫祠类25处、地名类14处、石刻碑文类21处、浮雕塑像类11处、其他22处。这些禹迹主要分布于汶川、理县、茂县、松潘、小金、金川等县。除此之外，尚有大禹传说故事及已出版的《大禹志》《大禹史话》《大禹故里》《大禹故事》《大禹歌谣》等书籍，未被纳入本次统计范围。一处处禹迹、一个个传说、一部部史料，都见证了阿坝大地4000多年大禹文化的丰富积淀，如此丰厚的禹迹现已成为阿坝藏族羌族自治州宝贵的文化资源。

三、阿坝藏族羌族自治州大禹文化遗址遗迹点位排序表

序号	禹迹名称	位置	类别	现状
1	石纽山	绵虒镇南	山水洞池	自然状态
2	刳儿坪	绵虒镇石纽山腰台地	山水洞池	自然状态
3	禹神树	绵虒镇石纽山腰台地	其他	自然状态
4	"禹迹"石刻	绵虒镇石纽山腰台地	石刻碑文	尚能辨识
5	禹穴	绵虒镇石纽山腰台地	山水洞池	自然状态
6	洗儿池	绵虒镇石纽山腰台地	山水洞池	自然状态
7	禹王庙	绵虒镇石纽山腰台地	庙宇宫祠	修复
8	禹王殿	绵虒镇石纽山腰台地	庙宇宫祠	修复
9	圣母祠	绵虒镇石纽山腰台地	庙宇宫祠	修复
10	圣母殿	绵虒镇石纽山腰台地	庙宇宫祠	修复
11	禹迹石纹30余处	绵虒镇石纽山腰台地	山水洞池	自然状态
12	天然禹像	大禹农庄禹穴沟	山水洞池	自然状态
13	圣母塔	绵虒镇飞沙关上	庙宇宫祠	遗址
14	"大禹王故里"石刻	绵虒镇飞沙关岩上	石刻碑文	不存

续表

序号	禹迹名称	位置	类别	现状
15	大禹村	绵虒镇石纽山下	地名	地名禹迹
16	大禹农庄	绵虒镇石纽山下	地名	新建
17	禹王谷	绵虒镇石纽山下	地名	自然状态
18	禹迹桥	绵虒镇石纽山下	地名	新建
19	禹履桥	绵虒镇石纽山下	地名	新建
20	飞沙关	绵虒镇石纽山下	山水洞池	自然状态
21	石纽山圣母祠碑	绵虒镇石纽山下	石刻碑文	不存
22	大禹祭坛	绵虒镇石纽山下	其他	新建
23	大禹铜像	绵虒镇石纽山下	浮雕塑像	新建
24	大禹书院	绵虒镇石纽山下	其他	新建
25	岣嵝碑	绵虒镇石纽山下	石刻碑文	复制
26	景云碑	绵虒镇大禹祭坛	石刻碑文	复制
27	"岷江导江"石刻	绵虒镇大禹祭坛	石刻碑文	新建
28	大禹殿	绵虒镇大禹祭坛	庙宇官祠	新建
29	大禹石刻甬道	绵虒镇大禹祭坛	石刻碑文	新建
30	祭台	绵虒镇大禹祭坛	其他	新建
31	祭坛碑廊	绵虒镇大禹祭坛	石刻碑文	新建
32	应龙、玄龟石碑	绵虒镇大禹祭坛	石刻碑文	新建
33	经书碑	绵虒镇大禹祭坛	石刻碑文	新建
34	大邑（禹）坪	绵虒镇大邑坪村	地名	地名禹迹
35	汶川广柔县遗址	绵虒镇大邑坪村	其他	遗址
36	飞来石	绵虒镇大邑坪村	其他	不存
37	晒书石	绵虒镇大邑坪村	其他	不存
38	升堂房	绵虒镇大邑坪村	其他	遗址
39	灯杆坪	绵虒镇大邑坪村	其他	遗址
40	龙母岩窝	绵虒镇西羌村	山水洞池	自然状态
41	涂禹山	绵虒镇	山水洞池	自然状态
42	涂山庙	绵虒镇涂禹山村	庙宇官祠	遗址
43	绵虒三官庙	绵虒镇三官庙村	庙宇官祠	完好

续表

序号	禹迹名称	位置	类别	现状
44	三官庙二楼塑像	绵虒镇三官庙村	庙宇宫祠	完好
45	大禹治水浮雕	绵虒镇三官庙村	浮雕塑像	完好
46	王（禹王）爷庙	绵虒镇羌锋村	庙宇宫祠	遗址
47	里（禹）坪	绵虒镇羌锋村	地名	地名禹迹
48	绵虒禹王宫	绵虒镇中街	庙宇宫祠	修复
49	大禹广场	绵虒镇	地名	地名禹迹
50	绵虒老街大禹浮雕	绵虒镇中街	浮雕塑像	完好
51	虒	绵虒镇	浮雕塑像	新建
52	广场大禹塑像	绵虒镇	浮雕塑像	新建
53	华夏文明初祖大禹碑	绵虒镇	石刻碑文	新建
54	天赦山	绵虒镇草坡境内	山水洞池	自然状态
55	禹碑岭	威州镇禹碑岭村	山水洞池	自然状态
56	禹碑（又名树吞碑）	威州镇禹碑岭村	其他	仅存树
57	穗威桥大禹像	威州镇	浮雕塑像	新建
58	穗威桥大禹浮雕	威州镇	浮雕塑像	新建
59	石巷子大禹像	威州镇	浮雕塑像	新建
60	威州禹王祠	威州镇	庙宇宫祠	待修复
61	卧云石刻	绵虒镇	石刻碑文	尚存
62	戴家坪禹迹纪事碑	映秀镇	石刻碑文	不存
63	映秀禹王庙	映秀镇	庙宇宫祠	遗址
64	《日映龙潭，秀开天地》	映秀镇	其他	传说
65	卧龙关	卧龙镇	山水洞池	自然状态
66	三圣庙卧地龙	卧龙镇	庙宇宫祠	完好
67	漩口宇（禹）公庙	漩口镇	庙宇宫祠	不存
68	竹园档禹迹记功碑	漩口镇	石刻碑文	不存
69	天彭门（阁）	漩口镇	山水洞池	自然状态
70	禹抱石（天彭石）	漩口镇	其他	水库淹没
71	《禹治紫水滩》	漩口镇	其他	传说
72	《禹治寿江》	漩口镇	其他	传说

续表

序号	禹迹名称	位置	类别	现状
73	黄龙岗	水磨镇	山水洞池	自然状态
74	黄龙观黄龙塑像	水磨镇	庙宇宫祠	完好
75	九龙山	三江镇	山水洞池	自然状态
76	天然"禹"字石纹	绵虒镇刳儿坪	山水洞池	自然状态
以上为汶川县禹迹计76处				
77	古城村广柔县治地	桃坪镇古城村	其他	不存
78	广柔县衙	桃坪镇古城村	其他	修复
79	古城村禹柏树	桃坪镇古城村	其他	自然状态
80	古城村禹王庙	桃坪镇古城村	庙宇宫祠	遗址
81	桃坪大禹浮雕像	桃坪镇桃坪羌寨	浮雕塑像	新建
82	通化古广柔县治地	通化乡通化村	其他	不存
83	理县"禹王故里"	通化乡通化村	石刻碑文	不存
84	通化"大禹故里坊"	通化乡通化村	石刻碑文	不存
85	汶山寨"石纽山"石刻	通化乡汶山寨	石刻碑文	模糊
86	冶蛊泉	通化乡汶山寨	山水洞池	自然状态
87	理县夏禹庙	通化乡汶山寨	庙宇宫祠	遗址
88	夏禹像	通化乡汶山寨	浮雕塑像	新建
89	洗儿池	通化乡汶山寨	山水洞池	自然状态
90	禹王宫	通化乡汶山寨	庙宇宫祠	新建
91	禹王山	薛城镇	山水洞池	自然状态
92	薛城映月亭禹联	薛城镇	石刻碑文	完好
以上为理县禹迹计16处				
93	茂县石纽乡	南新镇	地名	地名禹迹
94	石鼓乡	凤仪镇	地名	地名禹迹
95	禹乡街	凤仪镇	地名	地名禹迹
96	禹乡巷	凤仪镇	地名	地名禹迹
97	禹乡村	凤仪镇	地名	地名禹迹
98	大禹镇江神石	南新镇	其他	不存
99	大禹营寨	凤仪镇	其他	遗址

续表

序号	禹迹名称	位置	类别	现状
100	九鼎山	九鼎山景区	山水洞池	自然状态
101	石龙对石鼓碑	凤仪镇古羌城	石刻碑文	完好
102	羌城大禹殿	凤仪镇银龟圣山	庙宇宫祠	新建
103	大禹石碑	凤仪镇银龟圣山	石刻碑文	新建
104	大禹塑像	凤仪镇古羌城	浮雕塑像	新建
105	禹鼎九州香炉	凤仪镇古羌城	其他	完好
106	茂县神禹之邦书法	凤仪镇古羌城	石刻碑文	新建
107	渭（禹）门关	渭门镇	地名	地名禹迹
108	茂县土门禹王庙	土门镇	庙宇宫祠	不存
	以上为茂县禹迹计16处			
109	松潘黄龙寺	黄龙景区	庙宇宫祠	完好
110	黄龙藏身洞	黄龙景区	山水洞池	自然状态
111	黄龙禹王庙	黄龙景区	庙宇宫祠	完好
112	藏龙山	黄龙景区	山水洞池	自然状态
113	鱼泉	小岷江乡	其他	不存
	以上为松潘县禹迹计5处			
114	九寨沟藏龙海	九寨沟景区	山水洞池	自然状态
	以上为九寨沟县禹迹计1处			
115	小金热龙关	四姑娘山镇	山水洞池	自然状态
	以上为小金县禹迹1处			
116	金川安宁禹王宫	安宁镇	庙宇宫祠	遗址
117	金川勒乌禹王宫	勒乌镇	庙宇宫祠	遗址
	以上为金川县禹迹计2处			

经统计，117处禹迹中有山水洞池类24处、庙宇宫祠类25处、地名类14处、石刻碑文类21处、浮雕塑像类11处、其他22处。

汶川县禹迹

一、山关石坪

（一）山

1. 石纽山

   石纽山位于汶川县绵虒镇大禹村后山。《括地志》云："茂州汶川县石纽山，在县西七十二里。"《史记正义》引扬雄《蜀王本纪》曰："禹本

石纽山远景 　　红色"石纽山"石刻

古代书写的"石纽山"石刻（图片由羌禹文化公司提供）

汶山郡广柔县人也,生于石纽。"《水经注》云:"禹生于蜀之广柔县石纽村。"据传,石纽山为圣母生禹时,山崩地裂,岩石扭曲变形成纽状而形成的,并因此得名"石纽山"。今从飞沙关北端上山坳,石壁上仍有"石纽山"三个大字,虽石痕缕缕,但仍清晰可辨。

2. 涂禹山

涂禹山位于石纽山对面北侧,传说是"禹娶涂山女娇之地",故称涂禹山。大禹在涂山结婚之后,第四天便辞别娇妻,前去治理水患。《吕氏春秋》曰:"禹娶涂山氏女,不以私害公,自辛壬至甲四日,复往治水。"又传,涂山氏变成一头神猪,率子女变成小猪崽,随她到威州帮助大禹治水,后被大禹无意中识破,羞于见夫婿,便领着小猪崽们化成一阵疾风而去,待大禹明白追至绵虒附近时,看见前面突然出现一座大山,故名涂禹山。

涂禹山全景(威尔逊摄于1908年5月)

涂禹山侧景(1935年红军驻扎过的地方)

3. 天赦山

天赦山位于草坡乡与耿达乡之间。史载:"天赦山,夷人营其地,方百里不敢居牧。有过逃其野,不敢追,畏神禹。藏三年,为人所得,谓禹神灵佑之。"此地后世为民敬仰,被视为神圣的禁地。

天赦山(图片由羌禹文化公司提供)

图片近处为草坡,远处横亘平顶之山为天赦山,今名天禁山,正好印证了文献的记载(图片由羌禹文化公司提供)

据《蜀王本纪》《华阳国志》《汶志纪略》等文献记载，大禹出生地方圆百里，是羌族禁止居牧的祭祀圣地，罪人逃入其中三年，即可因大禹神佑而免罪，故名天赦山。邻近天赦山有草坡（现属绵虒镇辖区），羌人在此方可放牧。"5·12"汶川特大地震后，由珠海援建工作组的同志跋山涉水，数次寻访，才得此佳图。

4. 九龙山

九龙山位于汶川县三江镇境内。传说大禹长大成人后，为视察水情，来到一座高山之巅，感到口干舌燥，便去到高山湖泊边找水喝。且说这湖里早有九条龙相约在此等候大禹。当大禹来到湖边用双手掬起水喝时，突然看见湖里有九条龙向他点头，意在向他求封，可大禹不知其意，没有思想准备，忽然看见九条龙同时向他点头哈腰，一时惊慌地将龙呼成"蛇！蛇！蛇！"为首一条气得没走几步就卧地而死，传说那里就是今天的卧龙；另一条累死在今小金热龙关（日隆关）；其中一条黄龙藏在松潘的黄龙寺、藏龙山；另

九龙山为九条山脉（刘志全/摄）

九龙山远眺（刘志全/摄）

有一条藏在了九寨沟的藏龙海。

虽属传说,但《汶川县志》(民国)记载,九龙山名来源于此。

(二)关

1. 飞沙关

飞沙关位于石纽山下高速公路的上方。其上禹迹较多,有禹王庙、圣母祠、双镇塔、刳儿坪、禹穴、禹迹石纹等,史载为大禹出生地。尤其是"禹穴",传说就是当年圣母生禹之处。

百多年前的飞沙关(威尔逊/摄)

"5·12"汶川特大地震前的飞沙关
(图片由羌禹文化公司提供)

修建大禹祭坛时公司制作的飞沙关效果图
(图片由羌禹文化公司提供)

震后的飞沙关

2. 卧龙关

卧龙，又名卧龙关。《汶川县志》载："卧龙关侧，山势如龙蛇颓卧，故名卧龙。"俗传昔有大禹考察水情，九龙随之求封，大禹讶为蛇，龙们求封不成反而被贬，九龙大愤，为首的一条龙气得没走几步就卧地而死，在九龙山北面化成一道山梁，状如俯之龙形。此地就是今天的卧龙关。

卧龙关

3. 天彭门

天彭门，又名天彭阙，是汶川县漩口、映秀两地交界的峡谷。岷江从此出口，东岸狮子岗，海拔1250米，俗称虚谷岩；西岸白云顶，海拔1419米，两山对峙，壁立千仞，巍峨险峻。战国时水利家、蜀守李冰称其为"天彭门"。东汉时学士李膺称其为"天彭阙"。

相传，李冰为治理好岷江，来到漩口古镇，站在广东街北口，见眼前两座石山对峙，状如天门。其上还有那远古时候鲧之子大禹带领人们刀劈斧凿此山的痕迹，

漩口天彭门（阙）（陈晓华/摄）

深的深，浅的浅。想当年靠人工竟能把一座山凿成两半，在中间开这么大一道天门，真是奇迹啊！"看来，大禹选定这里凿山开江，真是高明呀！"李冰连声赞叹。如今，这里已成为大禹治水凿山开道的遗迹。

（三）石

1. 飞来石

说是禹王当年治水，在广柔县治的岷江边，任命当地有名望的张山为县令。禹王命令随到官拿来竹简，准备书写文书杀掉蛟龙，可没有桌子、凳子，禹王是大家的领头王，是上帝恩赐的圣人，写文书怎么能站着写呢？正当大家一筹莫展时，土地老儿出来告诉他们，河边有一方圆得体、平整光滑的石包可作书写的天然石桌。大家簇拥着禹王来到河边，果然有一天然石包可作桌子。桌子有了，可没有椅子呀，站着怎么写？这事被对面山顶守候的天将看在眼里，随即回天庭报告玉帝，玉帝即令山神送来一石凳子，因这石头凳子是突然飞来的，人们便给它取名叫"飞来石"，"5·12"汶川特大地震后，"飞来石"被岷江水淹没。

飞来石在地震中毁坏，被岷江水淹没冲走（王小荣/摄）

罗进勇与当地村民王伯富调查飞来石的地点

2. 晒书石

传说大禹王在石桌前的石凳坐下后，拿出竹简和毛笔写杀死恶龙的命令时，天下起了大雨，把书写好的文书给淋湿了。这可是杀头的文书啊，来不得半点马虎，但也没法重写，重写就违反了天规。怎么办？大家正一筹莫展时，天空突然一亮，射出万丈光芒，太阳出来了，禹王忙拿出竹简文书放在一大石上晒。不一会儿，文书就被晒干了，该行刑了，禹王一声令下，恶龙被拖了出来，行刑时他一刀将恶龙头砍下。人们欢呼跳跃，紧紧簇拥在禹王的身边。后来人们给这块大石取名"晒书石"。这大石矗立在大邑坪的岷江岸边，很多老年人都见到过，后在"5·12"汶川特大地震中被岷江洪水淹没冲走。

晒书石位于岷江西岸，已被水淹没

砚台（当地人称"石槽"）已被山石淹没

3. 禹包（抱）石

漩口镇广东街头有一块很大很大的大石包，屹立在岷江岸边。那大石包上有一道双手搂抱时留下的手指印迹。据传，大禹治水时来到漩口，看见白云山与狮子山紧紧相连，横亘岷江形成水祸，就用开山斧劈开了山岩，而自己变成了一只大熊，用身体去撞击开劈下来的岩石，借助江水的冲力把碎石冲走。熊劲十足的大禹在撞击碎石最起劲的时候，已怀身孕的妻子涂山女娇前来探望丈夫，一见自己亲爱的丈夫是一只大熊，一时惊讶，发出一声嘘叹，大禹的神力被分散了，留下了一块很大很大的石头矗立在岷江岸边，后人称为"禹包石"，该石现已被紫坪铺库水淹没。

4. 卧云石

古绵虒县衙处有一块巨石横卧在那儿，时时有股蒸气如云雾一样笼罩其上，人们把它叫作"卧云石"。

说起这块巨石，还颇有来头。相传禹王小的时候，时常跑到这块巨石上玩耍、游戏，玩累了便躺在这石头上睡觉。久而久之，这石头受神禹内气的影响，但凡在雨后天晴时，总有阵阵蒸气如云雾笼罩在石头之上，形成一道奇观。至今还偶尔可见这一景象。"卧云石"三字石刻，后经考证为乾隆年间汶川知县徐廷钰所刻撰。

卧云石（王小荣/摄）

（四）坪

1. 刳儿坪

刳儿坪位于石纽山的半山腰上，因圣母剖腹生禹而得名。刳儿坪古来庙宇遍布，遗迹斑斑，但禹庙、圣母祠等在"文化大革命"中被毁。"5·12"汶川特大地震后，珠海对口援建时已将其修复。

西汉扬雄《蜀王本纪》载："禹本汶山郡广柔县人也，生于石纽，其地名刳儿坪。"《吴越春秋》载："禹家于西羌，地曰石纽。"《三国志·蜀书·秦宓传》云："禹生石纽，今之汶山郡是也。"《华阳国志》亦云："石纽，古汶山郡也。崇伯得有莘氏女，治水行天下，而生禹于石

石纽山刳儿坪

纽之刳儿坪。"《青城记》云："禹生于石纽，起于龙冢。龙冢者，江源岷山也。"

2. 大邑（禹）坪

大禹坪位于今之羊店村河坝。汉设广柔县治。大禹坪，自是大禹为汶山郡广柔县人故名。往事越千年，又是沧海桑田，早先的大禹坪现已呼之为大邑坪了。当年禹王带领羌民治理岷江水患时的足迹，早已被沙土掩埋，唯有这大禹坪因其地势高，不易被洪水淹没、冲毁，遗迹至今尚存。

不同年代拍摄的刳儿坪照片

今日里（禹）坪（王小荣/摄）

3. 里（禹）坪

里坪是羌锋村的一个组，地处河坝一大坪，羌锋村驻地，位于今文庙与文星阁的西面。其地有约一里长，传此地为大禹治理岷水期间修整生息之处。现在是村民住地与土地。

4. 广柔县遗址

广柔县遗址位于汶川县绵虒镇羊店村大邑坪组。郦道元《水经注》卷三十六、李锡书《汶志纪略》、祝世德《大禹志》中，都有清楚详细的记载。

扬雄《蜀王本纪》载："禹本汶山郡广柔县人也，生于石纽。"

谯周《蜀本纪》载："禹本汶山郡广柔

县人，生于石纽，其地名刳儿坪。"

郦道元《水经注》载："禹生于蜀之广柔县石纽村。"李吉甫《元和郡县志》载："禹，汶山广柔县人，生于石纽乡。"罗泌《路史》云："鲧纳有莘氏曰志，是为修己。年壮不孳，获若后于石纽，服姆之而孕。岁有二月，以六月六日，屠腹而生禹于僰道之石纽乡，所谓刳儿坪者，长于西羌，西夷之人也。"

唐萧德言、顾胤《括地志》云："石纽山在汶川县西七十二里。"《大明一统志》载："广柔废县在汶川治西七十三里。"李锡书编修的《汶川志略》考察，清初，广柔城址尚依稀可寻，社稷坛犹宛然残存，故曰"广柔治在今治（绵虒）之南大邑坪"。

祝世德在《大禹志》中则更加明确地肯定广柔县在今汶川县南大邑坪。

综上史料记载，大禹为广柔县人，故羊店河坝的广柔县遗址又被称为大禹坪。遗址上的"堂房地"是衙门升堂的地方，盐店（又称窝窝店）是旧时卖盐的小店，灯杆坪是旧时点灯照明的地方。

二、庙宇宫祠

（一）禹庙

1. 禹王庙

据当地羌民讲，禹王庙（古庙）占地数亩，属石木结构。庙宇虽朴实无华，但香火兴盛。清时被焚，其后修复，为三楹两进。前殿供大禹，后殿供崇伯和圣母。布局严谨，气势古朴，给人以肃穆森严之感。遗憾的是该庙宇在"文化大革命"中被毁。诗圣杜甫诗曰："禹庙空山里，秋风落日斜。荒庭垂橘柚，古屋画龙蛇。云气生虚壁，江声走白沙。早知乘四载，疏凿控三巴。"又，清王朝康熙帝《谒大禹庙》诗曰："古庙青山下，登临晓霭中。梅梁存旧迹，金简纪神功。九载随刊力，千年统绪崇。兹来荐蘩藻，瞻对率群工。"

2. 禹王殿

禹王殿位于禹内。王庙大殿里的禹王神像前塑有一古时木轮马车。一匹

地震前的禹王庙遗址　　　　　　　地震后恢复的禹王庙外景

高头雪白大马拉着木轮轴车，由一马夫扬鞭赶着，其形象栩栩如生。大禹塑像高约4米，手捧玉圭，身披玄衮，神采飘逸，十分威武。与国内许多帝王名人端坐高堂，供人瞻仰的塑像比，禹王是站着的。那席不暇暖的样子，无不显示出禹王生亦劳苦，死亦劳苦的伟大精神。

3. 圣母祠

《石纽山圣母祠碑记》载："城南十里飞沙岭，俗称凤岭，即石纽山也。岭上平衍处有祠曰圣母祠，又名圣启祠。年久圮废。"又，乙丑岁邑士孟其敏等人，请人移其路于山之麓。于是凿壁开道，阅三月而建成祠，占地亩余，为石木结构，穿斗架房，青瓦飞檐，甚是美观。在圣母祠的墙壁上，有文人题诗曰："共传大禹产西羌，明德千秋颂莫忘。江水发源神肇迹，休将石纽比荒唐。"

4. 圣母殿

殿堂正中塑有圣母端坐神像。圣母头缠纱帕，身穿羌服，肩上的"缸钵花披"围至胸前，脚穿"云云鞋"。她两眼平视前方，仿佛还在观看大禹治理岷江水患。据当地羌族老人讲，圣母神像栩栩如生，似如真人。殿内香蜡红烛，青烟袅袅。烧香拜佛者络绎不绝，人来人往热闹非凡。

5. 绵虒禹王宫

绵虒禹王宫位于汶川城南绵虒镇政府驻地中街，兴建于清乾隆五十一年（1786），道光十一年（1831）重建，坐东朝西，正殿面阔三间，进深四间，为木结构单体悬山式顶，占地亩余，建筑面积600平方米，属穿斗木结构，是专为纪念大禹而修的，因设有戏台，故名禹王宫。其宫建造工艺精雕细刻，雕梁画栋，图案精美。飞禽走兽，花鸟虫鱼，栩栩如生，宫内塑有禹王神像。后在"文化大革命"中被毁于一旦。"5·12"汶川特大地震后恢复重建。

新中国成立初期的绵虒禹王宫

震后修缮的禹王宫

禹王宫牌匾（陈晓华/摄）

6. 绵虒三官庙

三官庙位于绵虒镇三官庙村，北靠大山，南临岷江。庙宇高大，翘角飞檐，气势雄伟，碧瓦红墙，金碧辉煌。庙宇共两层，底层已成为三官庙村村民的娱乐活动室，顶层供奉有三官（尧、舜、禹三帝）塑像；也有人说供奉的是天官、地官、水官（指管水的大禹）三神

三官庙（又名三元宫）（汶川博物馆供图）

像。檐下有回廊，站在回廊上远眺，新修的公路、滔滔的岷江、楼房林立的绵虒古镇尽收眼底。

三官庙始建于唐朝，重建于清乾隆二十二年（1757）。由于该庙年久失修，朽蚀不堪，为保护古建筑，弘扬"大禹文化"，绵虒镇政府与三官庙村"两委"经多方筹资21万元，将三官庙修葺一新。

7. 涂山庙

因女娇出生涂禹山（简称涂山），因此其名亦称涂山氏。后人在此修建了一座涂山庙，供人们朝拜女娇。传说大禹与涂山氏结为连理以后，新婚仅四天，即告别爱妻，到南方去治理九河，十三年未归。

1934年涂山禹庙（庄学本/摄）　　涂山禹庙遗址（王小荣/摄）

8. 威州禹王祠

禹王祠在姜维城遗址的"点将台"西侧，占地面积800平方米。祠内正殿上塑有大禹王站像，殿右侧有其妻涂山氏塑像。左侧有其子启的塑像，殿右廊有侍臣百工、司徒官、传递官、乐官塑像，殿左廊有舜王、助手伯益、皋陶、侍臣农官塑像。民间建筑工程禹王祠竣工时，一些名人志士纷纷为禹王祠撰书楹联。如正门廊柱上就有王锡纯撰联、王毓德书的"中华圣地开渠灌溉种植耕耘万顷良田而富民一国振兴，大禹神功凿山导流疏通壅塞千古洪水入沧海九州平定"，又如正门两边柱子上有罗晓林撰联、王毓德书的"钟灵毓秀神禹出汶郡治水伟业千秋颂，春风化雨甘露降九州润物功绩万代扬"，字迹清晰昭然。

地震前的威州禹王祠左侧面照

禹王祠内左边陪侍（博物馆/供图）

9. 羌锋村王爷庙

羌锋村人将大禹称为"王爷"，称禹王庙为"王爷庙"（该庙在"文化大革命"中被拆毁）。以前羌人的头上喜结发辫，称为"王爷救命辫子"；每当发现或遇到危险时，人们就高喊"阿巴色"（王爷），以此祈求禹王爷的庇护。当地还有祭水神、释比唱求雨经、向岷江丢"汗水杷子"——抛摔活鸡等祭祀活动。传说大禹在六月六日出生于寨东南三公里的刳儿坪上，该地被称为"五龙归位"之处，龙的灵气很重，当地人爱到此山上烧香祈福。

羌锋村王爷庙遗址（王小荣/摄）　　　尚玉萍指出禹王庙遗址（王小荣/摄）

为了纪念大禹的功绩，旧时在羌锋村簇头寨进寨口还修有"王爷庙"，用于祭祀王爷"大禹"。

10. 映秀禹王庙

映秀禹王庙位于映秀镇枫香树村，传说是映秀人民为纪念治理岷江水患的大禹所建，因此又称禹庙。传说，大禹在治理岷江水患时在映秀召集各路诸侯商议治水方案，并平息了水患。大禹因此受到映秀人民的尊敬和爱戴。为纪念大禹，人们在岷江东岸修建了禹王庙。据当地老人讲，其庙历史悠久，后遭火焚、水灾，多次被毁。于清嘉庆年间重修，新中国成立初期毁坏。

大禹殿临水而筑，台基高1米，15米见方，楠木梁柱，高10米。正面屋脊上有"风调雨顺"四个大字，大殿内塑有大禹像一尊。禹王庙古意盎然，形象精美。经过历史的变迁，现仅存禹庙遗址。

11. 漩口宇（禹）公庙

位于县城南部漩口镇宇（禹）公庙村的宇宫庙（一说为禹公庙，一说李冰庙），有着悠久的历史。传说大禹

苏玉田指出宇（禹）宫（公）庙遗址（王小荣/摄）

治水时，曾率川西人民治理岷江。一日，他视察上游水情，来到漩口镇古溪沟畔，见这里地势开阔，林茂物丰，便在这里建有一宅，常在劳苦之后在此小憩。

人们为感恩大禹的治水功绩，就在大禹建宅的地方修了一座庙，名为禹公[①]庙，内塑有大禹的神像。大禹塑像为站像，手执耒锤与治水图，背后塑有云彩，衬托出大禹深思熟虑，运筹治水良策的神韵，给人栩栩如生之感。只可惜庙宇年久失修，几经毁坏。而后人对禹公庙的称谓越传越走样，即呼成了今日的宇宫庙。如今，该庙宇基址早已建成车间厂房。

（二）寺

1. 水磨黄龙观

水磨镇黄龙岗上的黄龙观为明代建筑，是为纪念帮助大禹治水的黄龙而建，是青城后山名胜景点之一。

相传，大禹治理寿溪洪患时，住在黑风洞修道的大青蟒嫉妒黄龙把花龙门、庙坪子几座寺庙料理得香火兴盛，善男信女虔诚之至。于是青蟒下到寿溪河里兴风作浪，搅得寿溪波浪滔天，

黄龙观大殿（兰明安/摄）

桥梁全被冲毁，黄龙岗成了孤岛，通往刘家沟各庙的道路全被洪水淹没，多日洪水不消。黄龙知道这一切都是青蟒所为，立即下到水里与青蟒大战，在水里展开了殊死搏斗。几个回合下来，青蟒身上多处受伤，尤其两只眼睛遭黄龙抓伤后，立即失去了再斗的勇气，急急忙忙逃回黑风洞疗伤去了。

黄龙助禹治水成功后，兴仁场（今水磨镇）又恢复了先前的宁静，百姓

---

① 禹公：人们对大禹的尊称。

们又过上了幸福安康的生活。自此刘家沟各寺庙诵经朗朗，木鱼声声，香火旺盛；佛号、咪锣、钟鼓钵锣，鸣响山谷。百姓们感念黄龙助禹治水的功德，自发在山冈上修建了道观，祭祀黄龙。

2. 三圣寺卧地龙

三圣指三个圣人，即尧、舜、禹。汉董仲舒《贤良策三》载："道之大原出于天，天不变，道亦不变。是以禹继舜，舜继尧，三圣相受而守一道。"

卧地龙头像（王小荣/摄）

又据《汶川县志》记载，明正统六年（1441），因茂、理、汶羌人起事，明朝廷命雍中罗洛思统兵进剿，事平后，雍等受封于瓦寺土司，官邸涂禹山。喇嘛教始传入。第一世瓦寺土司有三个儿子，第三子出家修行，因排行第三，百姓遂谓之"三圣"。其寺庙原在三圣沟，后迁址卧龙关，占地约3亩。

三圣寺庙宇（王小荣/摄）

理县禹迹

一、山名庙宇遗址

（一）山名

1. 石纽山

杂谷脑河下游的理县通化乡跟汶川绵虒交界。该地汉时设广柔县，北周时属石门镇，隋改属金川镇，唐置小封县，两宋时名通化县，清初设通化巡抚司，民国时设通化乡。石纽山在通化乡汶山寨，其山石壁接天，岩石上刻有"石纽山"三个大字，不知何代人所书。"石纽山"三个大字至今仍在一处石壁上。

石纽山（王明军/摄） 　　　　记载中的石纽山

2. 禹王山

在桃坪乡裕丰崖村对面、杂谷脑河南岸有座山叫"禹王山",从东往西看宛如一个躺着的人,当地传说大禹王治水时曾走过那里,因感觉疲惫便躺下休息,他头戴的帽子就变成了长长的北坡,身体上长出茂密的森林,渐渐变成了一座山。

(二)庙宇

1. 古城村禹王庙

"夏禹治水功盖天下"。作为大禹故里的广柔县(今理县桃坪镇古城村),古城人民对大禹更是倍加敬仰,修建禹王庙供奉大禹,香火不断。特别是大禹的生辰日农历六月六日前后几天,庙里香火特别旺盛。如今庙宇已毁,仅存遗址。

古城村禹王庙遗址(王小荣/摄)

2. 夏禹庙

理县汶山寨石纽山,山形幽峭,山峰三面如削,俯视千仞,石壁接天。

未毁前的夏禹庙　　禹王宫祭台(王明军/摄)　　禹王菩萨碑

峰顶建有夏禹庙（禹王庙），飞檐翘角，雕梁画栋，该庙主要供奉大禹，后毁于"文化大革命"。

3. 汶山禹王宫

汶山禹王宫位于今理县汶山村高山之巅一处三面绝壁的台地上，今天还能见到十几米长的条石散落在地上，可以想见当年的禹王宫高耸云霄的壮观情景。

（三）遗址

1. 古城村广柔县衙遗址

古城村今属理县桃坪镇，公元前67年设广柔县。古城村因何得此名？考察其原因，古城者，即古县城也。其县名曰广柔县，是为理县建县之始。传说古城村（古广柔县）西约十里的通化乡汶山寨就是禹的出生地。

已修复的古城村广柔县衙

2. 理县通化古广柔县遗址

通化，属理县古广柔县治。据文献记载，广柔县治在汉代时属今理县通化，晋时迁至今汶川县绵虒镇羊店村，隋代将广柔改为汶川。

二、柏树浮雕故里坊

（一）禹柏树

禹柏树位于今理县桃坪乡古城村。时过境迁，禹王庙现已不在了，好在山门前栽种的那株千年古柏——禹柏树，至今依然挺拔，枝叶繁茂。人们见了禹柏树便会油然而生对禹王的敬仰之情，永远铭记大禹的治水功绩。

（二）大禹浮雕

西羌圣地，神禹故里，宝山之麓，沱水之滨。西汉元鼎六年（前111）置广柔县于古城，为固广柔，屯兵赤溪，筑碉楼，建兵营，守城池，扼外侵，敌不敢犯。汶山古庙，石纽岩刻。一代禹王，彰显人杰地灵。广柔神禹，光耀华夏。

禹柏树（王小荣/摄）

大禹雕像（王小荣/摄）

桃坪赋（王小荣/摄）

（三）禹王故里与神禹故里坊

1. 禹王故里

据当地老人讲，昔日通化城门上曾悬挂着"禹王故里"的大匾，该匾毁于民国时期。因此，前述赋文中的"神禹故里"之说，并非今人编造，而是有久远的民间口碑基础。

2. 神禹故里坊

村民指认神禹故里坊的位置

《保县志》载，古城在今理县通化镇，西汉武帝元鼎六年（前111）建广柔县于此。在古城与通化一带，民间有"神禹故里坊"流传。

调查组人员寻访广柔县治遗址（王小荣/摄）

三、通化广柔县治遗址

理县通化村历史悠久，自西汉武帝元鼎六年（前111）设汶山郡辖广柔县始，通化地区始有建置沿革。因理县一带百姓以通化汶山寨石纽山为大禹出生地，故把山下的通化村视为禹王故里。通化村古广柔县治已建成街道，遗址也建起了房屋。

四、其他

（一）治蛊泉

在"石纽山"石刻的下方，有一飞瀑如白练，喷珠溅玉，声达数里，泉

治蛊泉石刻　　　　　　　治蛊泉碑文

水名叫"治蛊泉"。据村寨中相传，大禹的父母鲧和修己去山上砍柴时，因劳作了一天，很是口渴，路过此水，就在泉边喝水休息。不久，涂山氏的肚子就大了起来。三年后，涂山氏生下了一个孩子，这孩子三天后就会说话，三个月就会走路，三年就长成了一个力大无比、身长八尺的壮实汉子。他就是带领人们治理九河，平息水患，被世人感激不尽的大禹。

（二）薛城映月亭禹联

上联：大禹殊功导海决江神州方得陆处；下联：纽石胜景骏贤诞圣华夏遂有国家。

映月亭禹联

茂县禹迹

一、禹乡村寨街巷地名

（一）禹乡村寨

1. 石纽乡

据《茂汶羌族自治县地名录》记载，石纽乡（后为石鼓乡），1952年南新乡划出。1961年石鼓村由南新公社分出与石纽乡合并，同时成立石鼓公社（石纽乡随之撤销）至今。

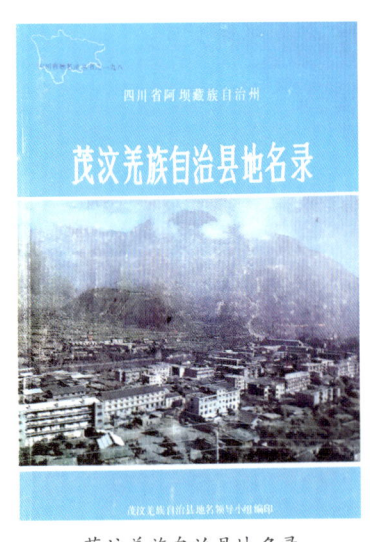

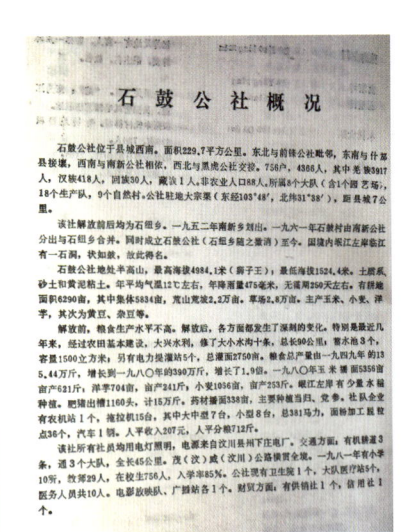

茂汶羌族自治县地名录　　　　　　石鼓公社概况

2. 石鼓乡

石鼓乡位于今茂县石鼓乡境的岷江岸边，相传有一石，其状如鼓，故名。但也有传说这里是当年涂山女娇为助大禹战胜黑风妖怪擂击石鼓的地方，故有石鼓之名，沿袭至今。石鼓乡距县城7.5公里。

3. 禹乡村

禹乡村，禹乡大队，原为二大队，由禹乡街得名。该村有耕地面积近1000亩，有村民800余人。

禹乡村办公楼

（二）大禹营寨

《史记》记载："禹出西羌。"传说大禹在茂县长大成人，那时，岷江年年洪水泛滥，致使下游人民不敢居于水边，这也是羌人总是居住在高半山地区的主要原因。据传，大禹当时所处地方是古蜀岷江上游茂州营盘山地域，他看见家乡人民饱受洪灾的影响，特别是看到岷江水患，终日苦无治水

大禹出西羌（王小荣/摄）

之策。大禹的家在河东岸的石纽，他到处打听岷江泛滥成灾的原因，终于弄清楚了，原来岷江西岸有一巨蛇搅水，致使岷江洪水滔天，只要制服了巨蛇，岷江水就能平静下来。可是，那些去制服巨蛇的人往往还没有到岷江对岸就被淹死了，因此巨蛇也成为羌人的心腹之患。

传说大禹过河后就在银龟包上安营扎寨，引导人们治理洪水，从此岷江洪水得到治理，银龟包又被人们叫作大禹寨。据专家考证，银龟包属营盘山遗址范围，考古学家在银龟包还挖出了石锛、石刀、石斧等工具，说明这里曾是一个繁荣的部落遗址，大禹长于西羌也留下了许多治水的遗迹。

（三）禹乡街巷

1. 禹乡街

禹乡街位于茂县凤仪镇，旧时镇上有一石碑，碑上刻有"神禹之乡"和"神禹之邦"，故名。清贡生董湘琴著《松游小唱》道："茂州局势大开张，西来第一堂皇。曾记得由灌而往，几经汶上。三百里山高水长，无此宽广。果然是神禹乡邦，王业销沉，犹可见兴朝气象。雉堞峨峨，大似锦城模样。六街三市，射圃球场，熙来攘往，雄图天府控遐方。金风引我城头望，郭外隐斜阳，听班马萧嘶，何处韵悠扬？一曲铜鞭，蛮娘归去山腰唱。东望

禹乡街（王小荣/摄）

禹乡街门牌号

路茫茫，西通卫藏。"可见当时禹王故乡的景象。

2. 禹巷

禹巷因禹乡街而得名，位于茂县凤仪镇禹乡街。

二、山关神石地名

（一）九鼎山

古茂州的大山里有一条乌龙，经常在发洪灾时出来祸害当地百姓。它的尾巴一甩，能推平几座山，其口一张，能吞食千百牛羊。古茂州百姓因此苦不堪言，于是不得不在洪涝来之前，给它献上牛群、羊群。大禹从天神那里借来九钉神耙，同乌龙大战，妻子涂山氏亲自擂响岷江边上的一面石鼓，为大禹助威，最终大禹战胜了乌龙。大禹用钉耙钉住乌龙，钉耙化作了九座山峰，使乌龙永世不能出来作孽。于是当地流传有"禹铸九鼎以镇恶龙，九峰仙女助禹治水"的民间传说。

禹巷（王小荣/摄）

九鼎山南天门

九鼎山雾海

九鼎山远景

九鼎山朝霞

（二）渭（禹）门关

禹门关，现为渭门关，在茂县渭门镇渭门村以南。因岷江到此收窄，形成一个峡谷关口，故称"渭门关"。相传当年大禹在这里带领羌民治理水患，所以"渭门关"也被称为"禹门关"。大禹在此发明了用于岷江两岸河工往来运输物料的溜索桥。

（三）镇江神石

茂州石鼓乡的岷江岸边，有一个房子一般大的巨石，位于周仓坪。相传是大禹治水时惩罚黑风妖怪的"镇江神石"。民间相传，大禹当时视察水情，来到石鼓一带的岷江上时，江面突然卷起黑风恶浪，欲将大禹所乘木舟掀翻，正在这千钧一发之际，突然从江面飞来一条金光四射的黄龙，与黑风恶浪展开一场殊死搏斗后，终获大胜。大禹将黑风妖怪镇压在一巨石下，后来该石被当地乡人传说为"镇江神石"。据当地79岁的村民贾仲亨说，这个镇江神石后来被用于修建住房时炸毁了。

周仓坪镇江神石的位置（王小荣/摄）

三、禹庙

（一）凤仪镇大禹庙

大禹庙旧址在阜康门外，明兵备李承志将其移建至内城北隅，明末毁，康熙七年（1668）重建，乾隆三十一年（1766）续建，祀圣父崇伯、圣母有莘氏，以前羌人遇旱都要到大禹庙求雨。

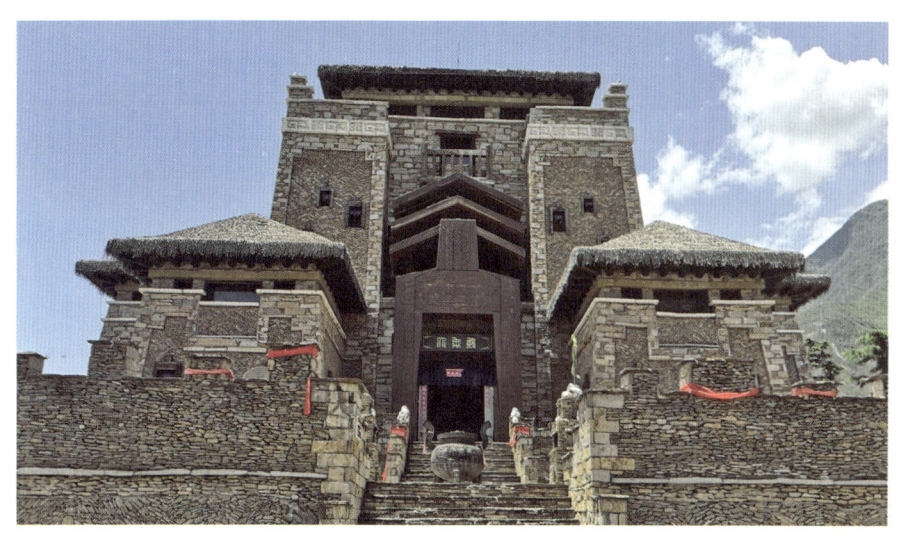

茂县大禹殿正门

(二)大禹殿

大禹殿位于茂县羌城后山北侧。史载："禹兴西羌""羌王夏禹名文命，父崇伯鲧，因九年治水不成被诛。"禹接替治水重任，是江源岷山导江的第一人。他创造的治水方法体系和理念，形成了"上善若水"，尊重自然生态法则的精神，由其开创的"岷山导江，东别为沱"的治水经验一直沿用至今。

大禹开九州，铸九鼎，陂九泽，度九山，三过家门而不入，治水十三年，终平水患。

大禹殿前香炉　　　　大禹殿中大禹坐像　　　　大禹殿前大禹碑

（三）土门镇禹王庙

土门镇位于茂县东部，境内有"土门禹王庙"，因年久失修倒塌，其遗址建了土门镇小学校。

四、石龙对石鼓碑

羌寨避暑山庄，是一座特色山庄，一座文化山庄，一座美丽山庄。山庄内山溪环绕，鱼儿在水中嬉戏。绿树成荫的山庄小道上，不时有身着民族服装的美丽羌族姑娘擦肩而过，轻风拂过，不时传来阵阵鸟语花香，让人仿佛置身于世外桃源、人间仙境。石龙对石鼓碑与山庄大门相对，进入山庄大门即可观大禹像和石龙对石鼓碑。

石龙对石鼓碑文

展厅里的大禹画像

松潘、九寨沟与小金、金川禹迹

一、山洞关泉

（一）藏龙山

据传，当年黄龙战退黑风妖，助禹治水成功受封，不愿升天。它留恋岷江源头，便躲藏进原始森林中去，用自己的力量美化这里的山水林间，后来人们便称这里为"藏龙山"。这里的人们至今仍歌颂它不记私仇，顾全大局，为民造福的美德。

藏龙山雪景（王小荣/摄）

（二）黄龙洞

松潘黄龙寺前有一石洞名叫黄龙洞，充满神奇色彩，传说此洞是黄龙化身黄龙真人修炼成道之所。洞内有石钟乳、石笋、"宝莲灯""石床"等，

相传为黄龙真人胎息之处。

在古时候，这里洪水滔天，大地一片江洋。后来，大禹治水成功，向天地祷告，赞黄龙助他治水有功，求封其为天龙。黄龙谢封，不愿升天，便留在岷山源头的石洞里修炼，终于得道成仙。

黄龙洞（李庆忠/摄）

（三）热龙关

热龙关，又名日龙关，位于今小金县日隆镇。相传大禹治水之时，曾有九条龙去拜访大禹，本来一是求封，二是意在助禹王治水，谁知求封不成，反被贬为蛇。为首的一条龙气得没行几步便僵卧在地上，成了现在的地形地貌，即今之卧

小金县热龙关

龙。其余诸龙见状纷纷逃遁，其中有一条龙，气累交加，跑得浑身大汗，最后热死在归途中，就是今小金县的热龙关（也有书写成日龙关的）。传说它的冠角变成了现在驰名中外的四姑娘山。

二、寺庙泉海

（一）黄龙寺

黄龙寺位于县城东65公里处的雪宝顶山麓的藏龙沟内（藏语称为色，又

名雪山寺、白鹿寺）。相传此处为黄龙真人栖隐处，故此得名。人们认为当年是黄龙真人显灵，助大禹治水才救了不少人的生命，为敬拜他，人们便在此建了前、中、后三座寺院，命名"黄龙寺"。

黄龙古寺（李庆忠/摄）

（二）禹王庙

1. 松潘县禹王庙

《松潘县志·名胜·古迹》载，禹王庙位于黄龙后寺，相传为黄龙真人栖隐处，故名。旧时，每年农历六月初六，附近乡民成群结队到禹王庙烧香，祭祀大禹王。善男信女顶礼膜拜，香火盛行。

黄龙禹王庙（李庆忠/摄）

2. 金川县禹王宫

金川县禹王宫初步考证有两处：一处位于勒乌镇龙河村内，原为湖广馆，建于清乾隆年间，后改为禹王宫。1935年到1936年7月，红四方面军将被服厂设于此。另一处位于安宁镇原供销社内，有湖广移民建造的古戏楼叫禹王宫。

（三）藏龙海[①]

藏龙海位于今九寨沟县的九寨沟风景区内，紧邻五彩池，四周峭壁林立，山空湖静，传说是蛟龙藏身之地。

九寨沟藏龙海

（四）鱼泉

观音岩鱼泉在松潘县岷江乡境内。每年5月左右，大量的鱼从洞口游弋出岷江乡，农民年捕鱼可达万条。鱼为细甲鱼，又称梭子鱼，一尺长短，额上长有一点红星，肉质细嫩可口。

据传，大禹疏九河，尽灭陆上各妖，唯水中九妖十八怪兴风作浪。禹邀请修道成仙的黄龙相助治水降妖。大禹治水成功后，黄龙留在沟内修行。禹念其卓越之功，切南海一角移至玉翠山下，因有暗海，内养禹点红星之鱼，供黄龙食用。黄龙感乡民修庙供奉，于是每年将阴河鱼放出一些至岷江乡，故岷江乡有鱼泉。

[①] 此地禹迹无实证，是根据民间故事而收录的。

学术名家论禹

"禹兴西羌"说新证

司马迁《史记·六国年表》言："禹兴于西羌。"《集解》皇甫谧曰："孟子称禹生石纽，西夷人也。传曰'禹生自西羌'是也。"史籍言"禹兴西羌"或"禹生西羌"都甚多，但在唐代以前西羌为中国西部的大族，分布甚广，究竟禹所"兴"或所"生"的地何在，值得研究。不过史籍多言其地为石纽。目前，言石纽其地多在四川西北部，而尤以岷江上游及其相邻涪江上游湔江一带最为集中，如今汶川县飞沙关、理县通化乡、北川县禹里乡、什邡市九联坪乃至都江堰市龙池等地皆有石纽山及禹庙的存在，而关于禹的传说故事更广泛流行于川西北地区。再者，上述地区自秦汉以来即为古羌人聚居地，且迄今仍为羌族聚居区。目前，中国羌族有30余万人，亦主要分布在此区域，现建有阿坝藏族羌族自治州和北川羌族自治县。因此，在此区域探求大禹及大禹文化是巴蜀学人义不容辞的义务。

新中国成立以来，各地学人研究此课题者不少，其著述亦引人注目。随着这一地区的考古学、历史学、民族学工作的开展，又有一些新的发现，为研究该问题提供了可供参考的依据，仅举近日一些新资料的发现以供专家学者考量。

一、考古学新发现的启示

2000年，为配合《四川省文物地图集》编写，成都市文物考古研究所、阿坝藏族羌族自治州与茂县文博单位，联合在岷江上游开展了一次全面详细的考古调查，并在此基础上于域东南的营盘山遗址进行了全面勘探和发掘。众所周知，在此之前该地新石器时代考古工作虽然已有所开展，但既不全面又不系统，而此次调查与发掘基本掌握了新石器时代遗址及有关文化的内涵及其演变序列，且已取得突破性进展。

此次调查共发现新石器时代文化遗址和遗物采集点82处，其中遗址53处，遗物采集点29处，大体分布在汶川、理县、茂县、松潘和黑水数县，这些地区基本上是羌族聚居区。其范围东至岷江与涪江分水岭土门梁子，西至岷江与大渡河分水岭鹧鸪山，北起岷江源头弓杠岭，南达成都平原西北边缘。所发现遗址面积大小不一，小者仅数百平方米，最大者可达十余万平方米，海拔高度均在1200—2700米。距今5000年以上的新石器时代遗址集中分布于岷江主流及其支流两岸地势较高的三级及以上台地上，具有代表性的遗址有茂县营盘山、理县龙袍寨、汶川龙溪寨、黑水色尔古寨等。在营盘山遗址中发现战国至西汉时期的石棺葬叠压在新石器时代堆积之上。

茂县营盘山遗址包括灰坑、灰沟、地面房屋基址。遗物包括陶器、石器、骨器等。陶器以手制为主，有夹砂灰陶、泥质红陶、泥质灰陶、泥质黑皮陶等，器形以平底器和小平底器为主，有少量圈足器。有较丰富的彩陶器，器形包括盆、钵、罐、瓶等。彩陶均以黑彩绘制。石器有打制、磨制两种。磨制石器包括斧、锛、穿孔石刀、凿、刀、砺石等。还发现有玉器与骨器。营盘山遗址具有岷江上游新石器时代文化遗存的代表性，以自身特色的本土文化为主，同时又吸收了多种外来文化。

此外，近期还在汶川威州镇发掘了姜维城新石器时代遗址，在茂县凤仪镇发掘了波西、沙乌都两处新石器时代遗址，在马尔康县沙尔宗乡发掘了哈休新石器时代遗址。这些遗址都给我们提供了新的信息。比如在茂县营盘山遗址、汶川姜维城遗址、马尔康哈休遗址中都发现了该文化与黄河上游、长江上游的新石器时代文化有不同程度的联系。如甘肃秦安大地湾遗址第四期遗存的陶器与营盘山遗存的陶器有相似之处；营盘山文化与成都平原宝墩文化又有一些共同因素；甘肃马家窑文化中马家窑类型的彩陶与营盘山、姜维城乃至哈休遗存的彩陶形式与图案有许多共同之处；波西遗址未发现马家窑类型彩陶，但其细泥红陶与河南陕县庙底沟遗址仰韶文化器物风格相似；沙乌都遗址出土的夹砂灰陶、褐陶与成都平原宝墩文化同类器物相似。总之，岷江上游新石器文化的多元性反映出其时人类活动的频繁性及其相互交换的广泛性。成都平原宝墩文化应是三星堆遗址主体遗存为代表的古蜀文化的重要来源。三星堆遗址文化第一期大体相当于宝墩文化第一期，均距今4500—3800年，皆较营盘山遗存的年代距今5000年为晚。成都平原尚未发现5000年以上的古文化，故二者间的关系尚待进一步研究。

新石器时代人类处于氏族、部落阶段，民族未能形成，不过岷江上游羌、藏族地区所发现的5000年以上的新石器时代文化为四川古蜀文化，乃至夏禹文化的来龙去脉提出了许多可供思考和研究的问题。传说羌族来源于西北，从岷江上游新石器时代文化中具有西北古文化因素这一点，应能说明一些问题。

二、民俗学资料的诠释

自1979年以来，国家启动《中国民族民间文艺集成》十部志书的普查、研究和编纂工作。这十部《中国民族民间文艺集成》包括民间故事、歌谣、谚语、曲艺、曲艺音乐、民间歌曲、民族民间器乐曲、民族民间舞蹈、戏曲和戏曲音乐等，其中有很大一部分属于民俗学或民族民间文学资料。目前，这十部《中国民族民间文艺集成》已基本出齐。阿坝藏族羌族自治州在《中国民族民间文艺集成》调研工作中，发现了原流行于茂县、汶川一带羌族地区的"花灯戏"及其唱词。他们对此进行了搜集、整理与研究，认为"羌族的花灯戏是在羌族释比庆坛戏的基础上派生和发展起来的……是羌族文化发展的必然趋势"。

据研究，原流行于茂县土门、凤仪两地的竹马花灯（以竹子编扎并用彩纸糊成竹马作为道具）的剧目中就有《大禹治水》的内容。其中有一段唱词如下：

先有天，后有地，后有人，有男有女。
先来唱，在下面，是戴帽子的汉人。
在我们上面，是穿靴子的藏人。

居中间的是羌人。
在这喜庆的日子里，
歌唱我们的民族，歌唱我们的祖先。
山有树，树有根，我们来唱羌族的根。
最能干的"耶格西"，是他疏通了九条河，
时间用了整八年，第一次路过家门口，
听见孩子的哭声，可他心中只想到，
还有野兽未消灭。第二次路过家门口，
听见孩子的笑声，顿觉浑身是勇气。
第三次路过家门口，看见孩子已长高，
毅力倍增气昂昂，九条河水定疏通，
天大困难吓不倒。

据搜集者研究，此唱词是为歌颂大禹治水三过家门而不入的精神，而唱词中的"耶格西"即大禹的羌族名字。其唱词系羌族释比用羌语演唱译为汉文的。我们从唱词的形式与内容来看，完全符合羌族表述及羌族思维的实际，而绝非来自汉语唱词的移植。由此亦可再次证明，羌民从来就有对大禹的崇敬与信仰。羌民迄今认为大禹是他们的"祖先"，是"羌族的根"，是他们当中"最能干的"。这些民俗学资料，充分说明史籍所言"禹兴西羌"或"禹生西羌"是有依据的。

三、新出土汉代碑铭的佐证

近年来在三峡电站建设中，国家在水库淹没区组织了大量的考古调查与发掘，东汉景云碑的出土即是此中一件大事。2004年3月，吉林省文物考古研究所三峡考古队在重庆市云阳县旧县坪发掘出东汉巴郡朐忍令景云碑。此碑成于东汉灵帝熹平二年（173），据考，该碑约在西晋时因故填埋于屋基下，故得以较妥地保存下来。此碑现藏于重庆市三峡博物馆中。2005年夏，余应邀赴该馆参访时曾予研读。2005年5月《中国书法》杂志公布了此碑照片并有丛文俊先生的考述。魏启鹏先生又于《四川文物》2006年第2期上发表了《读三峡新出土汉景云碑》一文，再度进行考释。此碑不仅布局严谨，书风俊雅，镌刻精细，乃汉碑中之佳品，且对巴蜀乃至中国古代史均提出了一些前所未见的新资料。

此碑原文如下：

> 汉巴郡朐忍令广汉景云叔于，以永元十五年季夏仲旬己亥卒。君帝高阳之苗裔，封兹楚熊，氏以国别。高祖龙兴，娄敬画计，迁诸关东，豪族英杰，都于咸阳，擐竟蕃辅（卫）。大业既定，镇安海内。先人伯沇，匪志慷慨，术禹石纽、汶川之会。帏屋甲帐，龟车留滞。家于梓潼，九族布列。裳绕相龙，名右冠盖。君其始仕，天资明哲。典牧二城，朱紫有别。强不凌弱，威不猛害。政化如神，烝民乃厉。州郡并表，当享符艾。大命颠覆，中年徂殁。如丧考妣，三载泣怛，退匆入音，百姓流泪。魂灵既载，农夫恻结。行路抚涕，织妇喑咽。吏民怀慕，户有祠祭。烟火相望，四时不绝。深野旷泽，哀声忉忉。追歌遗风，叹绩亿世。刻石纪念，永永不灭。呜呼哀哉，呜呼哀哉！赞曰：皇灵炳璧，郢令名矣。作民父母，化洽平矣。百工维时，品流刑矣。善劝恶惧，物咸宁矣。三考绌敕，陟幽明矣。振华处实，赐遐声矣。重曰：皇灵禀气，卓有纯兮。惟汶降神，梃斯君兮。未升卿尹，中失年兮。流名后载，久而荣兮。勒铭金石，表绩勋兮。冀勉来嗣，示后昆兮！熹平二年仲春上旬，朐忍令梓潼雍君讳陟字伯曼，为景君刊斯铭兮。

关于此碑所述内容，此前已有丛、魏两位先生的论文加以解释，甚为精辟。笔者在此仅愿重申的是碑文中所言前人之未言的关于禹之一支后裔景氏先祖由汶川石纽东徙于楚以及其先祖伯沇曾巡狩回蜀的一段史实。

碑文所言，景氏先祖"祖颛顼而宗禹"。所谓"惟汶降神，梃斯君兮"。这当然指的是其先氏为来自汶川的大禹之后，系由蜀中而流离于楚地的。同时，这亦证明了大禹"兴于"或"生于"汶川石纽这一说法在汉代仍相当流行，且为世人所认同。再者，碑文谓："先人伯沇，匪志慷慨，术禹石纽、汶川之会。帏屋甲帐，龟车留滞。家于梓潼，九族布列。裳縗相龙，名右冠盖。"据魏先生考证，此"伯沇"即"伯杼"（亦称后予、帝宁），乃夏后七世，少康之子季杼，为被后世公认的能遵循大禹治国之道的君主，而受到尊重和祭祀。此段记述，诚如魏先生所言，填补了一段历史空白，即大禹率族人向东发展之后，禹乡旧地如何，传世典籍除了夏桀伐岷山而娶琬、琰二女之外，几乎是一片空白。景云碑则记述了先祖伯沇（伯杼）在少康中兴后，为遵循"术禹石纽、汶川之会"的遗则，曾甲帐龟车，巡狩回蜀的史实。就在此时，包括景氏祖辈在内的鲧禹后人，九族迁徙，"家于梓潼"。当然这段新的资料尚有待于其他旁证，但它确实是汉代的一件关于大禹后裔迁徙的重要史料。

前几年，四川学术界在研究大禹历史与文化中，根据种种资料提出了一个"禹文化西兴东渐"的说法。此说有众多学者从考古学、民族学、文化学诸多方面予以考述，而以林向《从考古新发现看蜀与夏的关系》、李绍明《从石崇拜看禹羌关系》与谭继和《禹文化西兴东渐简论》数文为代表。此说既出，我们总感到还有一些问题未能解决。现在又出现了一批考古学、民俗学与碑铭的新资料。我们以为这既可丰富我们的前说，又可对解决一些疑惑有所助益。现再次提出并略作申述，以供专家学者共同研究，文中不妥之处，敬请指教。

作者：李绍明

夏禹文化的新探索
——四川学者夏禹文化研究新作综论

夏代是中国由史前向文明社会演进、由部落向国家演进的完成阶段。而大禹作为文献记载的夏王朝第一世帝王，则是这个完成阶段的临界点和结穴点。欲探索整个夏代文化，不能不研究夏的先祖鲧和禹的时代在由史前向文明演进历程中处于怎样的历史地位和文化地位，又是如何成为古代文明起源的结穴点的？这是夏代文化研究中一个具有重要意义的课题。

自20世纪80年代以来，由于二里头文化类型的确立和探索，夏代文化已在考古学上找到了自己的坐标，并出现了新的研究趋势：一是由对夏代整体笼统的研究向不同阶段分期研究发展。鲧禹时代是先夏文化时期，夏启到少康中兴是夏文化前期，少康中兴至孔甲是夏文化后期，孔甲至夏桀之亡是夏文化末期。这几个时期都有学者分别加以研究，而四川学者的研究则多集中在以禹为代表的先夏时期课题上。二是由重点集中于河洛地区夏文化的研究，向晋南地区的"大夏""夏墟"文化研究、山东二斟氏文化的研究、安徽涂山——南巢禹文化的研究和四川"禹兴于西羌"的研究等分区研究扩展，出现了可喜的成果。特别是把大禹文化作为夏文化之源加以探索，是四川学者近年来着重致力的工作。从1995年以来，四川学者在杨超、章玉钧、熊达成、周魁一等老学者、老领导的倡导下，每年都要聚会，以大禹及其文化为主题开展热烈的讨论，出现了一批研究成果；并为此在四川省历史学会内组织了夏禹文化研究委员会，团结史学界、考古学界和水利学界的同仁，有力推动了对夏禹其人及其出生地、夏禹文化及其西兴与向东传播的深入研究。现将研究中的主要观点和问题综议如下：

一、夏禹与西蜀的关系

文献有"禹兴于西羌""禹生石纽"之说，引起不少学者讨论的兴趣。李学勤认为："禹生于今四川的传说起源甚早""有着相当深远的历史背景"。近年来，四川学者对这一历史背景进行了深入探讨，认为夏禹文化与古羌文化、古蜀文化有着渊源甚长的亲缘关系。所谓"禹生于西蜀之地"，实质就是研究先夏文化发源于西蜀的问题。林向从古城、字符和对龙的崇拜三方面的不同对比，证明了夏禹与古蜀有文化上的同源关系。他认为：（1）"夏鲧作城郭"，显示古羌人亦即夏人有过筑城时代，这同古蜀人以成都平原宝墩文化为代表的古城时代是一致的；（2）禹字和蜀字都从虫，这个"虫"符就是"龙"符，禹与蜀都是颛顼系的龙子龙孙；（3）三星堆"建木"青铜树和羊头龙权杖、东周巴蜀青铜器的手心纹，表明对夏禹神化的崇拜。总之，蜀文化与"夏禹同源问题既于文献有征，又得地下出土物的印证"，是无须怀疑的了。

李绍明则从民族学资料与文献学相结合的角度，提出禹与羌同一族源说。他着重分析了羌族的白石崇拜是从古至今的传统，这与有关禹和启的白石——"血石"崇拜的记载和遗迹是相一致的，"不难看出禹与羌实有着族源与文化上的密切关系"。杨光成则提出了"夏羌文化"的概念，认为它形成于夏禹时代。李茂则把夏羌文化视为"中华民族凝聚力""最根本最内核的基因"，重视羌文化对形成中华文化的作用。王锡纯《试论禹生石纽及禹迹》对"禹生西蜀石纽"作了历史地理的考证。

祁和晖虽然承认"在血缘上，夏人与古羌人、古蜀人有着渊源""但是否就是羌族祖先或巴蜀先民祖先，则勿轻定"。她主张："夏禹族属华夏""夏禹是华夏族的共同祖先"。这一观点显然植根于族属问题的实质是文化问题而不是血缘问题的理论，具有启发性。

林向、谭继和各自从羌戈大战的分析中认为禹为从西北南下岷山的羌人。谭继和认为，羌戈大战的传说是禹为代表的横目羌人与戈为代表的纵目蜀人之争的历史影子。戈人即斟戈（灌）人，"有可能就是蜀王的第二代柏灌""是被羌人打败了而后臣服于羌部族的戈人，后来随夏迁到了中原，夏亡后又迁到了山东"。

冯广宏更进一步认为"夏禹文化与蜀史之间有一个接合部，是一块新的天地"，值得我们探索。他从诸种文献所记述的各代蜀王的年代的不同和歧异的比较中，找出鱼凫氏到杜宇氏之间至少有1800年的空白区，而这一空白区正是大禹和蜀山氏及其祖先颛顼活动的年代。他认为"大禹史事补充了古蜀的空白"，这是极有价值的创见。

徐式文用古蜀铜戈、铜剑铭文与岣嵝碑文对比等方式论证："岣嵝碑之文确是古蜀文字。"李学勤在给作者的复函中说："尊作极富启发，必能引起学术史重视讨论，使岣嵝碑疑难得到解释。"

二、成都平原古城文明与夏禹时代

近年来，成都市文物考古工作队对新津县宝墩村、郫县古城村、都江堰市芒城村、温江县鱼凫村、崇州市双河村和紫竹村6座古城遗址的发掘，展现了成都平原相当于中原龙山文化晚期、夏代二里头文化时期的古城址文化面貌及其前后衔接的演变过程。这6座古城同三星堆古城遗址构成了成都古代城市文明的发展轮廓，证明成都平原是长江上游古文明起源的中心。它也说明古蜀文明的起源是同古蜀城市文明的起源相一致的。王毅等考古界人士把它命名为"宝墩文化"。宝墩文化距今4500—3700年，正与文献上的虞夏时代相当。王家佑在《史前考古与夏禹文化》中对此进行了探索。王毅、蒋成在《成都平原早期志址的发现及初步研究》中有较为明晰的论证。陈剑和卞再彬的文章从考古上证明夏禹文化与成都平原古城址有一定联系。王纯五先生认为，成都平原古城文明的开发史就是治水的历史，古城址与古河道有密切的关系。他发现芒城遗址、双河遗址、紫竹遗址、宝墩遗址正位于岷江中游的重要支流——文井江古河道的上、中、下三个地域，鱼凫城则位于古岷江干流，郫县古城遗址则位于《禹贡》所记江沱古河道近旁。这些地域正是成都平原农业开发和陶器制作最早的地区之一。这与夏禹治水始于江汉，发端于岷江，正好处于同一时期。古城文明正是大禹治水的结果。

谭继和进一步就古城址面貌与夏禹时代关系作了分析。他认为：（1）鲧作城即龟作城。闻一多认为即成都平原的龟城，说明成都平原上曾经历过作城迁徙的时代，正与蚕丛氏"民无定居，随其所在致市焉"的情况相当。（2）夏人尚黑。赵光贤认为夏文化是灰陶文化。这正与宝墩文化石器多为泥质灰陶和夹砂褐陶相当，也可称为"灰陶文化"。（3）成都宝墩文化时代与先夏时期相当。因此，成都宝墩文化极有可能是先夏文化。

以上看法，由于6座古城发掘的城邑布局、遗物的社会发展水平、建筑样式及内涵还不十分清晰，因此，还带着很大的猜测性。不过，把"古城"考古与文献记载对照是有相当意义的。我们知道，中国文明的起源大体经历了农耕聚落形态—中心聚落形态—都邑国家形态三大发展阶段。后两种形态正与从酋邦发展到国家的阶段相当。成都平原古城址正是中心聚落阶段也即方国酋邦阶段的体现，正是由史前到文明起源的过渡时期。弄清成都平原古城文明时期的社会性质和文化内涵，对于研究巴蜀文明的渊源、初发地域及发生过程，进而研究巴蜀文化的结构体系，有着十分重要的意义。目前，此种研究还仅是一个开端，尚有待于深入发展。

三、夏禹文化的内涵

对夏禹文化的内涵，学者之间提出了不同的看法。较多的学者主张夏禹文化的内涵是治水文化。熊达成认为"大禹治水的胜利形成了中国独特的水文化思想体系，由于对江河干支流系统的了解，产生了江汉朝宗于海的'中华大一统'的共识。大禹'岷山导江，东别为沱'的治水战略，至今还在起作用。大禹治水的精神，即大仁、大智、大勇的精神，是禹文化的精神核心"。熊老上述意见着重从精神文化内涵上阐述了夏禹文化的特征，具有卓见。冯广宏、何斌、周烈勋、陈渭忠等均就此加以发挥，进一步阐述了禹文化与治水的关系、与岷江水利的关系，将四川的水利史研究从李冰治水拓展到大禹治水，这是近年来四川学者研究禹文化的一项重要成果。

谭继和则从文化学的角度对大禹文化的内涵及其来源加了特殊的分析。

他认为:"禹文化就是西羌人的文化。夏文化的发源地在西羌。岷山西羌是江源文明最先发展起来的地方。以江源之地的水文化为动力,形成高阳氏家族公社与高辛氏农村公社两个部族结为联盟的产牧经济。夏后氏与蜀山氏世为婚姻,是父系家长制家族公社与母系母权制农村公社长期联盟关系。夏后氏在西蜀地区属于低等农业的产牧经济阶段,通过治水发展为高等农业,东迁中原后就成为经济比其他族更发达的高等农业部族"。

冯广宏则主张:"夏禹文化是以大禹为中心的文化表现。从时间上说,处于夏文化的开端。它是夏文化的渊源。"龙显昭对夏禹文化的地位和作用加以进一步的分析。他指出:"夏禹治水成功,开创了中国的农耕文化,随之而产生了观象授时的'夏历',使人民在农业文明中过着定居的生活,通过观天象,依农时,从事农业生产,创造社会财富。夏言、夏礼使古老的中华民族有了共同的语言,有了大体相同的思想行为规范,并由此形成了相对稳定的共同心理素质。""夏禹所开启的一代文化正是中华文化的根。"

黄剑华提出了"文明是从治水开始的"观点,大禹治水改变了原始落后状态,促进了农耕与青铜冶铸技术的广泛应用,带来了中国农业文明的辉煌发展,在世界文明史上写下了不朽的篇章。他主张治水是文明时代的开始,中原华夏族从黄帝族起一直到大夏族,都与蜀山氏有长期的通婚关系。古蜀人从大禹时起就参与了大禹对岷江的治理。蚕丛氏早在岷山石室时代就与大禹有关系,从而形成了蜀人历史悠久的治水传统,开启了成都平原水利建设的先声,对促进古蜀农耕文明、宝墩古城文明以及三星堆青铜文明的出现起了极其重要的作用。这种"治水是文明的内涵,治水是文明时代的开始"的观点是有相当启发性的。关于夏禹文化的内涵问题是一个十分复杂的命题,显然应该从多层次多方面去加以解剖,然后才谈得上总体的把握。

研究夏禹文化内涵,因为这是中华文明起源阶段的归宿处,就涉及由史前的游团——部落阶段如何经由酋邦阶段向国家文明过渡的问题。目前,对这一问题的研究还远远不够。在四川学者中,还只有林向运用了"酋邦制"的概念,但惜乎缺乏具体分析。显然,今后的研究方向还得向"酋邦制"内涵的深入发掘努力,必能开辟出新的研究天地。

四、夏禹文化与道教的关系

研究巴蜀道教的渊源是四川学者的强项。王家佑、王纯五、龙显昭等道教学者则从夏禹文化与道教的关系及其在巴蜀的物化形式等方面进行了深入的研究。

王家佑、王纯五主张："道教，其初始应肇自夏禹时代。""其文化渊源可以追溯到夏禹时期母系氏族社会的原始巫教。"这种原始巫教发源于夏禹部族的祖居地"西羌""西戎""西蜀"，随着该部族的西兴东渐而从西部传到中原，再传到全国各地。它与东方夷人和东南越人的原始宗教相融合，形成滨海地区的方仙道。它在其祖居地西蜀则演变为巫鬼道（早期的五斗米道、李家道），成为天师道的前身。禹步、禹符、枚卜、拜斗等道教习俗都来源于夏禹，发端于西蜀。这些论点无疑地把对道教渊源的研究推向了新境界，具有创新的意义。

龙显昭则从四川禹庙的兴起这一角度分析夏禹文化的作用和影响。他认为"夏禹文化源远流长，对后世产生了重要影响，各地的禹庙便是这种影响存在的物证"。他把四川的禹庙分为夏禹肇迹处禹庙、德教功能性禹庙和移民"会馆式"禹庙三种类型，认为它们是"禹文化的载体""对传播和保存禹文化的作用不可低估"。这就把对禹庙的研究提到了一个新的高度。

五、夏禹文化的西兴东渐

对夏禹文化的研究，不仅探讨它的始源地，而且探讨它传播的途径，这是近年来四川学者研究的一个特色。一些学者已开始接触到这一问题。

谭继和主张夏文化经历了西兴东渐的发展历程。夏禹部族由西向东迁徙形成三大区域、三大中心：早期为西蜀岷江和江汉流域，是夏文化的初始期，以羌人产牧经济为内容；鼎盛时期在今晋南、豫西、豫中；衰亡时期在南巢，即荆楚、江淮流域。夏文化由西蜀发展到中原，就由产牧部族变为了农业部族，夏禹也就因治水而变成了农业神。夏禹执耒锤而耕的形象应形成于此时。他认为："夏禹兴于西羌，夏朝盛于河洛，夏人亡于东夷，这是文化传播。置于这样的历史背景下来看禹文化，它的源头在西蜀，成功却在河洛，它东传江浙，甚至于日本。"

研究禹文化，理解蜀为夏文化源头之地是有意义的，惜乎这方面的研究专文还不多。黄河流域文化与长江流域文化是中华文化中最具代表性和影响力的两支主体文化。巴蜀正位于这两支主体文化之间，又是长江和黄河的文化源头所在地。夏禹文化诞生于岷山西羌的广阔地域，正是黄河与长江两支文化源头的结穴处。弄清夏禹文化的面貌和内涵，对于促进中华文化这两支主体文化的研究肯定是有重要意义的，需要更多的同志从事这方面的研究工作。

六、禹的历史与传说考辨

对大禹其人的真实性、其神话传说与真实历史内核的关系，是从古史辨派以来就引人注目的研究课题。对这一问题，冯广宏、曲英杰、祁和晖、段渝、李明等学者进行了有益的探讨。他们努力从传说中剥离夏禹其人真实的内核，均有其独到之处。曲英杰从《禹贡》所说九州，逐一考证其具体地理位置，认为禹划九州当以水为界，各州之分是长期发展自然形成的。

关于夏禹其人有无问题，曾经是20世纪上半期争论不休的问题。近年来，四川学者对此从新的角度进行了探讨。祁和晖运用古史辨派"层累式结构"和"箭垛式人物"的观点，提出了"类型化模拟习惯"的理论，并运用这一理论分析夏禹是夏朝创业先民领袖群体的代表符号。这一符号有着深刻的历史含量。夏禹代表的群体是实有的历史存在，大禹个人则只是组成群体符号的一个成员。

段渝则从历史文献在不同时期传达的角度，将传说从"早出"到"后起"的各个阶段加以剥离，从而还大禹其人的真实面目，较好地解决了大禹是神还是人的问题。他从古史传说在三代流传的不同情况入手加以考证，指出夏代流传下来的材料说明禹是一个活生生的人王，而不是一个具有神性的天神；殷商及其后裔宋国所述的禹是先殷而王中原的王者，是人而不是神；西周早期文献中的禹仍是人王，而到西周中叶和晚期则明显带上了神化禹的气息，春秋时代对禹的神化传述增多，表明周人首开神化大禹的风气之先。

战国时期诸子传述大禹出现两种倾向：一种是以人文主义态度从社会关系及人与自然的关系的角度加以传述；另一种是从神化的角度加以传述。但其主流仍把禹当作人而不是神。段渝用这种传说层层剥离的方法，证明禹的天神性是后人在原始史实的基础上附会添加上去的。这样，他就用古史辨派"层累地构成的古史观"的方法，证明了后起的神话是叠加在早存的史实之上。只是古史辨派用的是逆推方法，把后起的神话当作真实。而段渝则是用顺推的方法，把先出的传述当作事实。这种论证方法，以其人之道还治其人之身，是一种有效的有创见的科学论证，能还历史以本来面目。

人类由史前向文明社会的演进是在不同地域的不同生态环境和社会环境下漫长演进的过程。在史前阶段和文明阶段之间有个过渡性质的社会，五帝时期和夏禹时期恰恰正处在这个过渡性质社会的阶段。过去，我们对这个阶段的研究和认同还远远不够。四川学者把夏禹及其文化作为专题研究单独列出来，并且已取得初步成果，这对于研究多元一体的中华民族文化起源时的具体历史面貌，尤其是研究史前到文明的过渡，无疑是有重要意义的。

七、大禹精神及其现实意义

大禹治水兴邦的伟大精神，他在治水中所表现的勤劳、开拓、献身、务实、尊重科学、严明法纪等崇高品德，已成为中华民族宝贵的精神财富，至今仍具有现实意义。

杨超特撰《论大禹精神》一文，对作为由史前到文明的过渡时期的大禹时代的政治、经济和文化，作了独创性的论述。他认为以华夏族为主体的多民族国家的形成、农业大国特点的出现和中华文化传统的形成，都应归功于大禹。在经济方面，大禹治水从局部到全面的发展历程，也就是中华民族从局部发展到全面发展，以至多民族大融合的过程。大禹是这一历史性跃进的推动者和领导者。在文化方面，大禹集中了三代圣王"勤、俭、廉、谦"的传统美德，中国古代文化史经历了无为、民本、仁学三大演进过程。这一过程是从尧、舜、禹三代盛世开始的，三代是中国远古文化发展的一个高峰，春秋战国的文化高潮是它的继续。在政治方面，国家政权的形成强调民本，强调多民族融合，是自然过渡、和平过渡，与西方强调进化和斗争的道路不同。总之，大禹是从原始社会过渡到文明时代的人文初祖，大禹精神为儒学和诸子百家的出现奠定了基础，弘扬大禹精神有着重要的现实借鉴作用。

熊达成《弘扬历史传统，创造辉煌未来》，章玉钧《继承大禹精神，弘扬大禹文化》，周魁一《大禹何以盛名远播》，罗世烈《禹之德与传统美德》，曾绍敏《浅析"民惟邦本，本固邦宁"》，雀丹《缅怀禹德，弘扬大禹精神》，吴敏良、张华松《大禹治水的开创精神》，李映发《远古洪水与尧舜禹禅让》，蒋永志《弘扬大禹的民族团结精神》等文章，从不同角度研究和尊崇大禹精神和禹功禹德，这对继承和弘扬中华民族优秀传统文化，对当今建设社会主义精神文明和促进祖国统一大业具有十分重要的启迪作用。

作者：谭继和　王纯五

"禹兴于西羌"补证

——从考古新发现看夏蜀关系

摘要 从"二里头文化""三星堆文化""宝墩文化"等众多考古发现及其对所出土的大量珍贵文物所进行的深入考证可知：二里头文化就是古蜀文化，古羌民族所创立的夏文化与古蜀文化之间不仅有着许多相通之处，而且有其同祖关系，这可作为"禹兴于西羌"的有力佐证。

前几年笔者在《"禹兴于西羌"新证》（载《羌族研究》第一辑，1991年）中曾对夏羌关系做了一点新的探讨。文中认为夏文化的二里头文化虽是在当地河南龙山文化基础上发展起来的，而其主导的文化因素都与陕甘间的陕西龙山文化双庵类型及刘家文化的姜戎墓葬所继承，姜戎墓地有白石崇拜与披发等古羌习俗。姜羌本系一族，因此"既然夏文化与姜戎文化有着渊源关系，那么太史公采用'禹兴于西羌'的古老传说，就不是凿空而是持之有故了。它透露出来的重要历史信息是以禹为代表的西羌（姜戎）文化与晋南豫北原有的文化相结合，构成华夏文化的主干，在此基础上建立起中国第一个王朝——夏"。当时的探讨比较简单，对与羌族有关的氏族所创立的古蜀文化与夏文化之间的许多相通之处，没有可能展开，其实这更可以作为"禹兴于西羌"的有力佐证。现在根据新考古发现与认识，对夏蜀关系作如下的探讨，以求教于诸方家。

一、"夏蜀同祖"的考析

考古学上的夏文化从20世纪50年代开始就在史载的夏墟——豫西北、晋西南一带寻访。1952年在河南登封玉村找到一种比龙山文化晚、又早于殷商文化的遗存，在上述地分布较多，1959年偃师二里头遗址被发掘后，被命名为"二里头文化"。夏文化在后来的发现与研究中分歧较大，目前削繁就简可分两大类：1. 二里头文化就是夏文化，龙山文化属于五帝时代；2. 二里头文化分为早、晚，早期为龙山文化，晚期等于夏文化，晚期归入商文化（见《中国考古学年鉴·夏商周时期考古》1991—1995年）。考古学上夏商时代的"三星堆文化"或"古蜀（又称早期蜀）文化"是20世纪80年代广汉三星堆址发掘后才被学术界接受的。20世纪50年代发掘的以东周船棺葬为代表的青铜文化，沿用了20世纪40年代卫聚贤根据传世品命名的"巴蜀文化"（见《说文》3卷7期，1942年）。三星堆文化比它早，故称古蜀文化。虽然对三星堆祭祀坑的年代有分歧，但三星堆遗址有龙山、夏商、殷商、西周等各时代的遗存是没有疑义的。20世纪90年代后期，成都平原发现龙山至夏代的古城群，它们是直接与夏商时代的"三星堆文化"相衔接的"宝墩文化"。"宝墩文化"的早期属于五帝时代，晚期则进入夏代纪年，我们所讨论的夏禹正处于"宝墩文化"时段中间（见拙著《古蜀文化的发展与研究》，载《寻根》，1997年4期）。一般来讲，考古学文化是历史上"人们共同体"（氏族、部族或民族）在物质上的反映，文化因素的相通，意味着人们共同体在文化上的交流；大量的或基本的文化因素相同，则表示人们共同体之间的亲缘关系。下面我们来分析一下二里头文化与宝墩—三星堆文化的文化因素。

　　我们认为二里头文化即夏文化，是中国青铜文化的初始阶段，碳十四测定年代（校正）约为公元前1900—前1600年。可分为早、晚两期，其共同特征：生产工具以磨光石器、骨器和蚌器为主，如斧、锛、凿、铲、刀等。陶器以砂质与泥质灰陶、灰褐陶为多，器形以鼎、深腹罐为主要炊具，封口盂、花边罐、大口尊、平底盆、澄滤器、三足盘、瓢、爵、斝等较为常见，也有圆腹罐、高领罐、高柄豆、瓮等。青铜器有刀、锥、铃、镂空牌，晚期出土有铜戈、钺、觚等。晚期还发现大型台基式宫殿建设。墓葬分为大、中、小三种，大基有二层台、朱砂、漆皮和人殉。主要分布在豫西和晋南，分别为二里头类型与东下冯类型。偃师二里头遗址可能是夏代晚期的都城，但没有发现城垣遗迹，只在晋东南下冯遗址发现"回"字形双圈环壕聚落（见《中国考古·夏代文化的探索》，1992年）。

我们认为三星堆遗址的第一期与第二期之间，即先蜀—古蜀文化，处于青铜文化初始阶段的前后，碳十四测定年代（校正）约为公元前1700年之前。由于广汉三星堆一期、二期之间有缺环，只得另外找寻。最新发现成都郊县的宝墩文化可分为四期，其第一期的年代约为公元前2400年，已超出夏代纪年，姑且不论，其三期、四期虽尚未公布年代数据，经分析可与三星堆二期一脉相接，后者的年代约为公元前1700年，正好相当于夏文化这一段。宝墩文化的特征：生产工具以磨光石器为主，有斧、锛、凿、铲、刀等。陶器以夹砂与泥质陶为多。器形以花边罐、深腹罐为主要炊具。大口尊、平底盆、圆腹罐、高领罐、短柄豆、壶等较为常见。还没有发现青铜器，但从三星堆文化出土大量精美青铜器来看，那时应该已有铜器了。还未发现大中型墓葬，但已有城池，其三期、四期以温江鱼凫城和郫县古城为代表。鱼凫城城垣呈不规则的椭圆形，面积约32万平方米；古城城垣呈长方形，面积约31万平方米。值得注意的是二期的都江堰芒城与三期的崇州双河古城，都是"回"字形的双圈城垣（见江章华等《宝墩文化初论》，载《中华文化论坛》，1997年4期）。

成都平原的宝墩文化是1995年后才新发现的，目前的工作还不多，犹待深入。即便如此，我们已能看出它与二里头文化的相近之处：时代相当、社会发展相近、器物群相似，尤其是陶器的相似意味着考古学文化上的亲缘关系。所以从这个意义上讲，把宝墩文化后期看成是二里头文化时期一支成都平原的地区性文化未尝不可。国家夏商周断代工程首席考古专家李伯谦曾将二里头文化时期划分为四区、六支不同的青铜文化：[1]中原地区的二里头文化、漳河辉卫型遗存；[2]山东苏北地区的岳石文化；[3]北方地区的夏家店下层文化和朱开沟文化；[4]甘青地区的火烧沟文化（见《华夏考古》，1991年2期）。当初李伯谦不可能知道1995年才发现的宝墩文化。现在，我们可以把它增加过去，成为第五区的第七支，即[5]成都平原的宝墩文化。我们发现前面［1］区与［2］、［3］、［4］区之间的文化差异，有的比［1］区与［5］区之间要大得多。值得注意的是后两者间地理上相去甚远，而文化面貌如此相近，此间存在着文化载体上族的亲缘关系，是不容忽视的。宝墩文化的城址已发现的有6座：新津宝墩、都江堰芒城、郫县古城、温江鱼凫城、崇州双河和紫竹古城，时代跨虞、夏之时，亦正是"当尧之时，天下犹未平，洪水横流，泛滥于天下……五谷不登，禽兽逼人"（《孟子》）。"禹曰：洪水滔天，浩浩怀山襄陵，下民昏垫。予乘四载，随山刊木……予决九川距四海，濬畎浍距川。"（《尚书·益稷》），三过家门而不入。大禹治水或曰从岷江开始的，《舆地广记》载："《禹贡》：岷山在西北。俗谓之铁豹岭。禹之导江，发迹于此。"作为岷江中游最大的冲积平原——成都平原，夏禹来此治过水，也不是不可能，成都平原曾屡遭洪灾是肯定的。成都平原古城群的发现，当是那段洪灾的佐证。相传"夏鲧作城"。先师徐中舒指出："是城郭之建筑，在居于山岳地带的姜姓或羌族中，也必然有悠久的历史。"他认为城有三大功能：防洪的必要设施；防御侵袭的屏障；"高大的城墉作为联盟大酋长的标帜"（《巴蜀文化续论》，1960年）。这是我们在分析成都平原古城的功能时要综合考虑的。这里地势低洼，筑城防洪肯定要首先考虑的。对此，另有学者详作研究、此不赘言。

宝墩文化是直接发展为三星堆文化的，中间并无间断。广汉三星堆遗址已知为古蜀文明的都城，三星堆文化是古蜀文化。那么，把宝墩文化看成是古蜀文化的初期，或是先蜀文化又有什么不可呢？我们可把《蜀王本纪》《华阳国志》等所记古史传说的蜀国世系分为三世：蚕丛、柏灌为开国之世，进入成都平原发展成早期国家（或酋邦），成都平原的古城群乃其遗迹，相当于中国古史传说时代的五帝末期虞夏之际到大禹开创的夏代；鱼凫、杜宇为鼎盛之世，标志是以三星堆都城为中心的古蜀文化圈的形成，相当于中原夏商之际到周初；鳖灵为扩展之世，当时巴人受楚迫西进，与蜀文化相冲突、融合，形成传统意义上的"巴蜀文化"，新都马家出土的"邵之食鼎"木椁墓，被认为是荆人鳖灵之后、开明世某王的陵墓是有道理的，相当于中原西周至东周（见拙著，《寻根》，1997年4期）。

国家夏商周断代工程首席专家李学勤曾正确指出："传说中的世系显示，蜀和虞、夏、楚有共同的先世。""蜀、夏同出于颛顼的传说绝不是偶然的。"（载《四川文物·三星堆古蜀文化研究专辑》，1992年）20世纪90年代的考古新发现同时也证明了我们前辈们的科学论断。晋常璩《华阳国志·蜀志》载："蜀之为国，肇于人皇，与巴同囿。至黄帝，为其子昌意娶蜀山氏之女，生子高阳，是为帝喾（应作颛顼）。封其支庶于蜀，世为侯伯，历夏、商、周，武王伐纣，蜀与焉。"近代文学家都有怀疑和否定。20世纪50年代，针对疑古史家的否定，先师徐中舒指出："秦灭蜀前，蜀的历史，现在保存于《华阳国志·蜀志》及《蜀王本纪》中……是历代相传的旧说。"（载《巴蜀文化初论》，1959年）先师蒙文通也引西汉褚少孙说来指证常志之说："蜀王后代既是在元、成间还常朝献于汉，这说明是汉代所谓西南夷的邑君。黄帝子孙之说，可能是从这些邑君朝献时自己称述得来的。"（《巴蜀史的问题》，1959年）。

可见，夏蜀同祖问题既可用"两重证据法"来证明，确是有案可查，是无须怀疑的了。

二、"大禹是龙"与三星堆铜树

夏禹的历史伟绩在治水，就与上古神话传说中会弄水的神龙——"句龙"和"应龙"挂上钩了；或者说大禹在古人的眼里本是一条会治水的龙。《山海经·海内经》载："鲧死三岁不腐，剖之以吴刀，化为黄龙。"《初学记》载："大副之吴刀，是用出禹。"那么，黄龙就是禹了。顾颉刚、童书业说："'句龙'即是'禹'字义的引申。'禹'是有足的虫类，据近人考证，确是龙螭之属。"（载《鲧禹的传说》，1973年）杨宽说："禹和句龙既一神，禹与应龙又是一神……禹和句龙的功绩在治水，而应龙也能蓄水……其实神龙就是禹的本身呀！禹在神话里本是从上天降到下土来的，应龙也一样从上天降到下土，本来天地有着相通的道路，神人可以来往的，自从重黎'绝地天通'之后，禹始终在下土做社神，做着'恤功于民'的事业。"（《古史辨》七上杨宽序，1940年）神话传说本是古代历史的影子，

"大禹是龙"有它的历史合理性，古之后人把祖先异化为神物，并不是抹黑，而是顶礼膜拜，这可从三星堆遗址出土文物中得到印证。

三星堆出土珍贵文物甚多，尤以举世无双的青铜树为最。二号祭祀坑出土的青铜树残件很多，树根、干、叶、果铺满坑底，与海贝、玉石礼器、鸟蛇饰件相混。据清点有六株以上，有的树枝上裹有金箔，二号树根的底盘三方有三个神巫跪守，可见这些神树是古代蜀人神圣的崇拜物。其中修复的一号铜树最大，残高384厘米（树巅无法复原）；树根立在三叉架的圆盘基座上，座上纹饰是缭绕的云气；树干粗壮挺拔，分节有四道圆箍插接；树干上树枝三层，每层三枝，树丫上有萼托卵形果，两垂一串，在串果上各站一钩喙大鸟，生动地表现展翅前后的一瞬间；在垂直果的萼托旁有镂孔罗网状的宽大叶片，叶片下缘有三个小孔，可悬挂三叉铜丝圆架，架下有各不相同的小悬饰，如天空星辰的圆牌，或如海洋扇贝的直棱牌等。最引人注目的是树木表面有一巨龙蜿蜒而降，龙头抬起在下，龙尾高翘在上，后半部已残；龙头长方形，似两根肉须，怒目定睛，龇牙咧嘴；龙躯细长，呈绳索状虬曲；龙足更奇特，如人臂张肱曲肘，龙爪如伸开的人掌，粗短的拇指与细长的四指分开；龙身还有些分支断残不清，至少有一只上长的是牙璋（《中国考古文物之美·商代蜀人秘宝·四川广汉三星堆遗迹》，1994年）。

青铜树的性质，笔者研究认为是蜀地神话中的"建木"（见《蜀酒探原》，《南方民族考古》第一辑，1987年），根据是《山海经》（袁珂校注本，上海古籍出版社，1980年），《海内南经》："有木，其状如牛，引之有皮，若缨、黄蛇。其叶如罗，其实如栾，其木若蓝，其名曰建木。"《海内经》："有木，青叶紫茎，玄华黄实，名曰建木。百仞无枝，（上）有九欘，下有九枸，其实如麻，其叶如芒，大皞爰过，黄帝所为。"可见其来头不小，法力很大。又《淮南子·地形训》载："建木在都广（应作广都，指成都平原），众帝所自上下，日中无景，呼而无响，盖天地之中也。若木在建木西，末有十日，其华照下地。"另外一些铜树中间可能有"若木"在内。

据袁珂先生校注的《山海经》，所述建木的特征与三星堆铜树相吻合，笔者关于"建木"的推断至今认定不误。但其中有两点今天可作补正：其一，今本《海内经》说建木"百仞无枝"，似文句有错乱，因与下文"上有九橌，下有九枸"不符合。或可说成树干中段有百仞是无枝的，树顶上是有九根弯曲的枝丫的，两说均可。前有学者以"百仞无枝"来否定它是"建木"，是出于误解。其二，《海内南经》"引之有皮，若缨、黄蛇"，郭璞云"言牵之皮如冠缨及黄蛇状也"，故袁校本将缨与黄蛇断开。笔者对照三星堆铜树细品此文，以为应作另解。"引"此处不作"牵引"而作"在前"解，还有"伸长"义（见《经籍纂诂》）。"有皮"既作"树皮"讲，也作"表面"解，如"皮相"。"缨"，在此可作"绳索"或"缠绕"讲（见《文选》谢灵运《述祖德诗》注）。"蛇"乃"龙之类也，或曰，龙无角者曰蛇"（见《洪范五行传》注）。因此，依拙见此句可作新解："伸展在树皮表面上的，是绳索状缠绕的无角黄龙"。若拙见不诬，则三星堆一号铜树上的巨龙，也是"建木"的应有之物，这条龙就是大禹化身的神龙。

由此可见，三星堆一号铜树之所以如此崇高，供奉在庙堂受人膜拜，是因为在蜀人心目中，那株供众神上下于天地的"天梯"——建木，乃其远祖黄帝所创建，大有灵验。"西蜀天漏"，成都平原屡遭水患，他们盼望善于治水的祖神夏禹，化作黄龙从天沿树而下，来保佑蜀地子孙能永享丰年。这大概是古代蜀人的原始宗教思维所能设想的最佳依托了。当然，神话归神话，宗教归宗教，当夏禹的远房子孙后代杜宇遭如《蜀王本纪》说的"若尧之洪水"的危难关头时，会治水的夏禹的形象因失去灵验，被埋入地下；而会治水的同样是夏禹的远房子孙后代荆人鳖灵，因此取得政权，建立了开明王朝（见《蜀酒探原》）。

龙既是大禹的化身，二里头夏文化有不少龙的形象，如一头两身、两头一身的都有。值得注意的是它们都是无角、细长身，作龙蛇像（见《考古》1965年5期图版三）。有同志认为夏族的图腾是"交龙"，是有道理的（邹后曦《夏族"交龙"图腾说》，载《巴渝文化》，1989年）。所以，在与夏有亲缘关系的古蜀文化里，龙的形象也同样显赫引人注目。（以下图像均见三星堆一、二号坑简报，刊《文物》1987年10期与1989年5期）三星堆二号坑里与铜树一起出土的还有龙形饰片2件，如标本（k2：203）龙的细长身躯已残，怒目咧嘴，似无角。另有3件蛇，如标本（K2：87）三角形蛇头上昂，也是怒目咧嘴，尾残，身上布满菱形纹和云雷纹，华贵神秘，不是一般的蛇，笔者以为应是龙头。

同坑出土的举世无双的大型立人像（K2：149、150）连座通高260厘米，突出巨大的双手所握物，作奉献状，当为主祭人，群巫之长，他的衣袍上的主体花纹正是四条飞龙，最明白的是这些龙都有人手形的龙爪，不过它是握成拳头的。当需要祈求大禹神龙的护佑时，就能看到"手"的符号出现。如在同坑出土"祭山图牙璋"（k4：201附4。或称边璋，不妥）的图景来看，在群巫致祭的山关，有8只从天而降的巨手握拳，用拇指紧压大山。过去我们不清楚，现在知道它的含义就是大禹神龙的神力镇山川，进一步推论，东周巴蜀文化的图徽上有许多"手"纹，及与手的组合图像和"手心"纹，其数量之多不可胜计，过去学者做过种种猜测，终觉不妥。现在恍然大悟，"手"就是大禹神龙威力的法符。至于"心"，笔者也倾向于是龙（蛇）头的意符，你看它与二里头的龙头图像有多相似。由此可见，与夏禹文化有着亲缘关系的古蜀文化、巴蜀文化，对大禹神龙的崇拜是一脉相承的。

三星堆一号坑也出土龙的图像。如爬龙柱形器（K1：36），其实是一杖头，它与金杖（K1：1）同出，很可能是一根权杖的两个部分。杖头圆雕一全龙，顺杖爬上顶，后脚和尾巴拖在杖壁，上身与前脚已撑在杖顶，龙头昂起，怒目张牙，十分威风凛凛。龙有长耳，有小角一对，下颌有山羊胡子一小撮。总观全景，这是一条长着羊头的神龙。龙的形象或说像猪、像鳄等等。而此龙则像羊，透露出与众不同的羊种民族的神龙传说。羌、姜从羊，相传禹兴于西羌。如此看来，这正是禹兴于西羌的大禹的亲族——蜀王所有的羊头龙金权杖！

总而言之，从考古文化来印证夏与蜀的亲密关系，是很令人感兴趣的课题。在此只是抛砖引玉，以文会友，求教于诸方家。

作者：林向

夏禹文化研究三题

摘要 研究夏蜀文化，主要研究大禹。大禹出生之地，自然便是夏文化的源头。大禹生于西蜀，大禹文化源于西蜀，夏禹文化与西蜀文化密不可分。

一、夏禹文化源于西蜀

夏禹文化不等于夏文化。夏禹文化是以大禹为中心的文化表现，从时间上说，处于夏文化的开端。因此研究夏禹文化，主要是研究大禹。针对夏文化的源头，许多研究者做了大量探索，得出的结果是众说纷纭，莫衷一是，现将主要论点罗列于后。

1. 《鲁颂·閟宫》称"缵禹之绪"，齐《叔夷钟》铭文有"处禹之堵"，说明齐鲁人以其国为禹土。鲧的祖先颛顼之虚在帝丘，即今河南濮阳，近于山东，鲧放殛于羽山，位于今山东临沂地界。禹妻所居的涂山，一说在泰山附近。因此夏文化源于东夷。

2. 《说文》释"夏"为"中国之人"，即与夷狄相区别的中原人，故夏人即冀州人，源于河北。

3. 《国语·周语》称崇伯鲧，并说"夏之兴也，融降于崇山"，而崇山即今嵩山，在豫之西，《逸周书》"自洛汭延于伊汭"是"有夏之居"；《周语》又有"伊洛竭而夏亡"之言，可见夏人源于伊洛流域，在河南。

4. 《史记索隐》引晋杜预说，"涂山在寿春东北"，即今安徽怀远东南。后来夏桀被流放于南巢，也在此附近。同时，涂山又会稽山之说，而且古代越人亦奉禹为先祖。所以夏禹文化与浙皖地区颇有渊源。

5. "华夏"一向连称，"夏"即"华"。晋郭璞谓江东人把"华"读成"敷"，"夏"字徐铉注音是"胡雅切"，与"华"同音，且"夏"古音也读"敷"。因此夏族源于华山，即在陕西。而且《左传》记吴季札听到秦乐说："此之谓夏声。"睡虎地秦简《法律答问》："何谓'夏'？欲去秦属是谓'夏'。"故秦人亦自称为夏。

6. "夏"字又有西的含义。《左传·宣公十一年》陈公子少西，字夏。《左传·襄公二十六年》郑公孙夏，字西。这应是最古的字义。因此夏文化源于西蜀。

意见如此分散，似乎东到山东半岛，东南到宁绍平原，西到泾渭流域，西南到巴蜀一带，都有夏文化的渊源。近年对龙山文化的研究，也大体如此分布。邹衡先生便提出夏文化多元化说；其他一些学者还提出"西兴东渐说"等。如果进行夏禹文化研究，抓住主线，则问题不难解决。由此可见，大禹因治水而足迹遍布大江南北。广泛留有禹迹，应是历史的真实。

大禹所出之地，自然便是夏文化的源头。有人把禹父鲧、禹妻涂山氏也拉进来考证，就失去了主线。大禹所处的时代，正处于社会组织由母系氏族制过渡到父系氏族制、政治体制由部落联盟议事制过渡到奴隶制国家的阶段，家庭概念与隶制社会、封建社会全然不同。原始时代的古圣王，既有名誉上的父亲，实际上是其母吞星梦神，所谓"梦接意感"而生，仍然是"知其母不知其父"。禹的父亲是鲧，但他母亲女志（一称修己）是吞了神珠薏苡"梦接意感"生禹的，所以姓"姒"。因而鲧仍然是挂名的父亲，或因禹继承其治水之业，才以父子相称的吧。《山海经·海内经》"鲧复生禹"；《天问》"伯禹腹鲧"；注家都认为是《归藏·启筮》所谓"大副之吴刀，是用出禹"的意思，今人甚至怀疑鲧是个妇女，生禹是剖宫产。其实是影射事业的继承性，由此可见，鲧之所出，鲧的领地和归宿，都与大禹所出之地无甚关系，至于禹妻涂山氏，据《吕氏春秋·音初》载："禹行功，见涂山之女"；《吴越春秋》说："禹三十未娶，行到涂山"，才与她恋爱。可见涂山氏所居之地，与大禹所出之地也并无关系。大禹由故乡出仕，治水途中才办婚事。

笔者前已论证，先秦至西汉人士都认为大禹出自西土，西汉司马迁《史记·六国年表》明言"禹兴于西羌"。《集解》举《孟子》语："大禹生石纽，西夷人也。"《荀子·大略》则称"禹学于西王国"。杨倞注："或曰：大禹生于西羌、西王国，西羌之贤人也。"《新序·杂事》引子夏之言，以及《韩诗外传》所引，都有这句话。

石纽具体地点，西汉扬雄《蜀王本纪》说得最详："禹本汶山郡广柔县人也，生于石纽，其地名剐儿坪。禹母吞珠孕禹，拆𩪘而生于县。禹涂山娶妻生子，名启。"（见《太平御览》）东汉人赵晔《吴越春秋》也说大禹"家于西羌，地曰石纽。石纽在蜀西川也"。《续汉书·郡国志》说："禹生石纽，广柔县，有石纽邑。"到晋代及南北朝，又补充了石纽被人敬畏的情况。《后汉书·郡国志》刘昭注引《华阳国志》佚文，说："夷人营其地，方百里，不敢居牧。有过逃其野中，不敢追，云'畏禹神'。能藏三年，为人所得，则共原之，云'禹神灵佑之'。"这段话在任豫《益州记》和郦道元《水经注》中都有记载。古人的"百里"地域，是指100平方里，长宽各10里左右。这种神林，在岷江上游羌区并不鲜见，而且确有这种习俗。

上面虽然都是些传说史料，由于还没有第二种说法，那就不能不信。不同的说法在后世也有出现，但都难以成立，如宋罗泌《路史·后纪·夏后氏》说禹生于"道之石纽乡所谓剐儿坪者"，道是汉县，即今宜宾。此说源于何书？其子罗苹作注时也没有找到，只有想当然地自圆其说："禹生在鲧未殂用之前十数载，则其在道矣。"这和清代《珙县志》解释县城禹庙来历一样："禹初生于蜀，而其后又导江、导黑水于此地也。"不过，《罗苹注》里又引到两种异说。一是《十道记》称石纽为秦州地名，普天下有"石纽"之名的地方，当然不止一处，这倒不足为怪。二是《随巢子》"禹生纥碣石之东"，碣石在古代多指在东海滨，那么大禹岂不生在山东半岛了？可是《罗苹注》文前段引《随巢子》则作"禹生于碣石"；再对比一下《太平御览》卷51《随巢子》"禹产于碣石，启生于石"便知这里的"碣石"，属于刻误或笔误，大禹生自西蜀，实际上不存在什么分歧。夏禹文化源于西蜀，也不存在什么困难。

二、大禹年代有证可寻

大禹所处的年代，古代文献有记载，但数据却存在差异。《易纬辨终备》推禹元年为公元前2061年，今本《竹书纪年》为公元前2029年，《中外历史年表》则为公元前2140年。这些说法究竟可不可靠，须加检验。

龙山文化中已发现陶器刻画文字，在其前磁山·裴李岗文化、仰韶文化中皆有溯源。因此，大禹时期当有文字档案，否则《禹贡》《山海经》《夏小正》等传为夏代文献，即成无源之水，竟是天上掉下来的简册了。夏商年代，也应有一定记录，不会全凭记忆口传，古史中可以确定的最早年代，是周宣王以前共和起始之年，即公元前841年。周武王灭纣之年，骨器铭和天象资料可考，中外古今有32种说法，最早为公元前1130年，最晚为公元1018年，若取中数公元前1075年，则误差不过60年，这在古史中考证精度已经不低。

夏商积年也有七八种说法，夏代历时许多文献都记为四百多年，最长483年，最短436年。商代历时则从四百多年到六百多年都有，最长661年，最短463年。据此，则夏商积年最长1144年，最短893年，差值过大。参考《孟子·尽心下》所说："尧舜至于汤，五百有余岁""汤至于文王，五百有余岁"，所以他提出"五百年必有王者兴"的规律。那么夏商两代历时似乎基本相等。《竹书纪年》说"汤灭夏以至于受（封），二十九王"；可是"夏年多殷"，但却只有"十七世"，显有遗漏。《史记集解》曾引东汉谯周之言，"殷凡三十一世"也与商代相同（《六韬》不是伪书，近年已在银雀山汉简中发现）。因此，我们有理由认为夏商两代历时相同。现各取中数550年，则夏商积年为1100年，当无大误。

由武王灭纣之年公元前1075年上推1100年，则大禹年代在公元前2175年前后，可称公元前22世纪。

为了核定这个粗略的年代数据，还须用古代天象纪事来验证。《古文尚书·胤征》和《左传·昭公十七年》都指出，大禹的孙子仲康执政初期，曾发生过一次日全食。今本《竹书纪年》记在仲康五年九月庚朔，唐天象家一行和尚经推算后证实此语。元郭守敬《授时历》推算，此年为公元前2128年。但近年国外学者验算后，认为这一年日全食在中国看不见。清李天经推算为公元前2166年；今人董作宾推算为公元前2137年，陈遵《中国天文学史》倾向于公元前2137年，较符合古书记载。夏禹开国后，继位为启，启在位年数有10、16、29、39等说法。其后为太康，在位4年，仲康就继登王位。日食之年上距大禹，只隔有祖孙三代，大约是40年。由此印证大禹年代在公元前2175年，也是符合的。

根据研究结果综合考虑，可证大禹年代定在公元前22世纪也是不矛盾的。

《尚书·尧典》还记载了大禹之前尧时确定历法，以366天为一年，在春分、夏至、秋分、冬至时分别观测鸟、火、虚、昴四宿，以校正四季的仲月。中外学者根据岁差原理推算尧的年代，由于对四星理解的不同，观测时间和观测方式的假设不同，得出的结果有公元前2000年前后。至今没有肯定的结果。不过，禹年在公元前22世纪，倒是一个折中的数字。

三、夏文化与蜀文化的关系

大禹出自西蜀，当然与蜀文化有一定关系。《禹贡》所记"岷山导江"的策略思想，核心是"东别为沱"，即可为证。

蜀文化重心在成都平原，而源头则在其西和北的岷山、九鼎山区，延伸可到四川盆地中部；所谓以"玉垒峨眉为城郭""汶山为畜牧"，成都平原为四川盆地的地势，总体上是自西北向东南倾斜，因此天然水系分布，多为西北·东南向（或自北而南）。为了保护成都平原不受来自岷山、九鼎山几个暴雨中心的洪涝灾患，最优方案是分洪减灾。由于天然河流一般坡度较陡，不致有壅塞之患，但河槽迂曲狭窄者居多，洪水常会漫溢上岸；而且成都平原区东南边缘又有龙泉山脉一道门槛，造成排水困难，从而导致洪涝之苦。这就启发了设计分洪水道的人，尽量把它安排在平原中部偏北，方向应与天然水流交叉，采取自西往东的方向，以顺应地势。沿程拦截暴雨径流，向东排到沱江去，集中到金堂峡这个口门泄走。这种布置，便称"东别为沱"。"沱",是蜀地方言,指一种环形闭合式水流,把沱延伸为出江又入江的分洪水道。

大禹的"东别为沱"方略,最适用于蜀地的成都平原,关中、汉中都不太切合。因为它最适应蜀国的自然地理条件,春秋时蜀王开明治水,也要求采取这最优策略,相传开明挖出的"江沱",就在汉郫县境,即今毗河前身,见于《汉书·地理志》,开明继承禹业,表明了夏文化与蜀文化的关系。不过,开明又疏凿了金堂峡这个泄水口门,使之顺畅无阻,抓住了减灾的要害。

古蜀史最早写成的文字材料,应是西汉扬雄的《蜀王本纪》。据《太平御览》卷166和888抄下的两段,可以得知蜀人传说中最古的先王是蚕丛氏,继其后的是柏灌和鱼凫二氏,这衔接着三代,历时各"数百岁",估计在2000年左右。其后就是杜宇望帝,"积百余岁",估计在200年以后,末代望帝禅位于开明,开明则历时十二世,于公元前316年为秦所灭。《路史》记开明氏历时350年,其建国在公元前666年。《蜀王本纪》又说,自开明以上到蚕丛,"凡四千岁";这个数据在《蜀都赋》刘逵注中引作"三万四千岁"。罗苹《路史》注则引作"二万四千岁"。就依最小值4000年计算,可排出一个年表:

首代蚕丛氏,公元前4666年;末代鱼凫氏,公元前2666年;首代杜宇氏,公元前866年;首代开明氏,公元前669年。

很显然,鱼凫氏到杜宇之间,至少有1800年的空白区。如按"三万四千岁"来估计,这一空白区竟有数万年之多。现代史家之所以把鱼凫与杜宇看成是前后相承的两代,完全是受了《华阳国志》的误导。这一点,顾颉刚先生在《论巴蜀与中原的关系》书中对比《蜀王本纪》与《华阳国志》一文,已剖析得十分精辟。《华阳国志》作者常璩作地方史有两个标准,一是把蜀中神话一概删改成正规记述;再就是秉"民无二主"之训,将蜀国称帝称王的人一概纳在"周之叔世",所以蚕丛成了春秋时人,"七国称王,杜宇称帝"整个古蜀史全都压在短短500年的时段里。顾先生说,如果真是这样,杜宇到开明十几代人,只历时二三十年,真是太奇怪了!可是,由于《华阳国志》是正规史志，有许多长处，也有一定权威性，因而很多史家对其深信不疑。

恢复了古蜀传说史料的本来面目之后，出自西蜀的大禹，就正好处在鱼凫至杜宇间的历史空白区中。作为大禹祖先的颛顼和更早的蜀山氏，也在这块空白区有了一席之地，从而成为蜀文化的内容。最近发现的宝藏文化古城址，年代最早可追溯到夏禹文化期，三星堆文化也处于这一空白区中。这样，蜀文化与夏禹文化关联之处就空前丰富起来，为研究者提供了重要线索和思考余地。

研究大禹精神，也能与巴蜀文化联系起来。《礼记·表记》引孔子的话说，夏人的思想是谨遵天命，敬事鬼神，但却"远之"而接近人事，讲究"忠"字。政治上是先赏后罚，对人以表扬为主，所以上下级亲亲热热，缺少必要的尊严，民风的缺点是愚昧质朴，缺少文采，不像周人那样好巧、商人那样放荡。司马迁也说："夏之政忠。"老百姓太土太野，所以商代就提倡敬神讲礼，但毛病是过于迷信；所以周代就讲究文明，使人们能独立思考，不过人心过于机巧之后，还该回到提倡"忠"字的老路上。把夏人的思想作风与蜀俗巴风对比，觉得很有形似之处。直到西汉文翁兴学才纠正了蜀人的朴野；而讲究信用，提倡忠诚，则有许多故事留传。这大概就算是大禹的遗风吧！

作者：冯广宏

大禹精神与华夏文明

一、关于大禹的历史定位

应把大禹放在五帝与两个三代之间来看大禹的历史地位。从"五帝"时期来说，黄帝是文明起源时代，相当于新石器时代晚期，正是5000年前文明起源的时期。再往前说，中华文明有万年文明起步（巴蜀叫作"肇于人皇"的时期），有百万年以上文明之根（巫山人）。这是大禹以前的时代。大禹本身又处于前三代尧舜禹之末，后三代夏商周之初。放在这样的历史环境中看大禹，可以有四点新认识：

1. 五帝中的尧舜，正是农业初起的时代，我曾经为文论证包括先夏时期都还是产牧经济，即原始农业时代。五帝时期虽已兴起"田蚕织作"，但未处理好水与农耕的关系，洪水之患仍然不断。直到大禹才处理好水与农耕的关系。他是以水兴农的第一人，是治水兴农的先师。

2. 五帝时代已有多种人文发明的起源，但开启国家文明（有父系社会也有母系社会，都可直接过渡到国家文明），承前启后，继承尧舜禹前三代发展出夏商周三代辉煌国家文明的人是大禹。因此，大禹是国家文明初祖。

3. 从炎黄这棵大树发展到华夏之繁花盛开，这是中华民族大一统之根生长、发芽的过程。如果说，炎黄二帝是中华民族的开源者，那么，大禹就是中华民族的奠基者。炎黄文化开源，集中在"中"字上，大禹文化奠基，集中在华夏的"华"字上，合起来构成"中华"。因此，大禹是华夏民族大融合、大团结的奠基者，是中华大一统的奠基者。在他之后的夏商周三代，华、夏、夷、狄、戎、蛮各族互相交往，用夷变夏，用夏变夷，夏商周三代的夷夏之争开启了民族融合，实质是文化融合的过程。中华民族不存在内部血族的区别，只存在文化高低或特点互异的区别。中国首先是文化中国，中华民族首先是文化一统的民族。

4. 水润中华，水是文明之母。文明一统，文明因水而兴。水造就了文明，因此，中华文明是讲究上善若水、崇尚自然的文明，是道法自然的文明。这些观念保留在道教的文本里，因此，鲁迅说，中国的根柢全在道教。五帝和尧舜禹前三代文明发展的关键是解决治水问题，以便养育文明，培植文明，其特点是排水、分洪、泄洪，而不重在引水灌溉，因为远古中国主要是洪水为患，排出水患，就露出了肥壤沃土，"田蚕织作"的高级农业就能在这片沃土上发展起来。所以，其首要任务主要是治理山水，疏通河道，为发展高级种植农业创造条件。因此，大禹成为中国九州山水综合治理的第一人。

二、大禹对华夏文明的三大贡献

1. 大禹扩展了中国人生存地域的版图。最初，"中国"仅指"京师"，周围称为"四夷"。到夏代，有"四夷九州"的称呼，从此中国扩大为"九州四夷"的概念。"华"最初指华山之南，即华山之阳。同"大夏"（"夏墟"）地域结合起来，成为"华夏"，这就是"大中国"的概念。《说文》释"夏"为"中国之人"，"华夏"就是比"夷夏"更大的通称。《山海经》记载，五帝时从北极到南极、从东极到西极各是两亿多步，而到大禹时的版图东西与南北两极就扩大到两亿多里，增加了将近千倍。这是大禹治水最大的成果。通过治水发展的生存空间在夏代扩展到了整个中国的绝大部分区域。

2. 把华夏文明提升与升华到"中华大一统"的"国家意识"的境界。大禹治水过程，是中国国家的形成过程，也是各兄弟民族大融合、大凝聚，统一形成国家意识、中华民族意识的过程。各兄弟民族共同治水，在治水过程中形成了九州各地向帝都运送贡赋所经过的系列水陆路线，按先北后南、先上游后下游、先主流后支流的排列顺序，划出了九州地域和九州河道，从而产生了"大九州"意识，产生了"四渎朝宗东海""茫茫九派流中国"的"中华大一统"的共识，产生了多元一体中华文化概念，这是水治九州、水润九州重要的精神文明成果。从此中国走向了统一，形成了中国意识的共识,产生了"九州生气恃风雷"精神,从而产生了一套多元一体的文化符号系统,又从众多江河蜿蜒曲折、奔腾起伏之势发展出有关"龙"形象的联想,这个形象不仅在汉族文化中,也在很多少数民族中成为共同的龙文化(当然红山文化最初是猪龙,这一演变不去说它)。中华各族都是龙的传人。以龙为文化一体的标志,各兄弟民族互相交流,融合为大华夏民族,奠定了多元的子民族聚合为一体的中华大民族的基础,凝结为"中华民族"这个大概念,从此各子族都是华夏儿女。这种大一统共识与龙的传人的文化符号,成为中华民族深厚的凝聚力、向心力、团结力的象征,传承至今,我们还仍然受到这种观念的泽惠,成为民族终极价值与核心价值精神。

3. 大禹成功推进了五帝以来各族认同中原文明为中心的文化中心地标的凝聚和形成。由于有了中原文化这一中心地标,在中华地图上满天星斗似产生的各种原生型文明、次生型文明及续生型文明才能凝聚在一起,形成融合共生新族群的历史趋势,并且通过同源异流与异源合流两种融合途径,使满天星斗似起源的中华文明,统一为认同"一个中心"的"中国文明"和华夏多个子族体的共同祖国。"华夏"绝不只是一个汉族的代称,而是中华民族内各子民族、亚民族的代称。因为"华夏"一名比"汉族"之称早,它从来不是如后来"汉族"之称一样,只是一个中华内的子民族的概念。自古以来,它就是一个多族"共和"直到多族"融合"的概念。到了中原大夏区域,"夷"人可以变成"夏";到了四夷区域,中原夏人可以变为"夷",不存在民族种群的隔阂,只有子民族文化与华夏版图上的地域文化的不同。这种不同只是中华大文化中子文化和亚文化的不同,不是中华文化体系的不同。这是同西方民族概念判然有别的,不能混为一谈。

三、大禹成为民族精神的象征,具有万世楷模的意义

由于大禹在治水过程中具有光辉的劳身焦思,三过家门而不入,公而忘私的冰雪操守,使大禹成为中华民族美德的一位箭垛似的人物。在历代传承中,民族各种美好品德都集中到他身上,有关他的传说也越来越多,他的经历和思想也层垒似的越来越丰富,在他身上集中了中华民族的一切美德。

四、大禹出生与活动地域是文化问题不是历史问题

由于有关大禹出生与活动地域的各种历史记载的不同，因而产生了历代不同的大禹降生文化、娶涂山文化、会万国葬会稽文化。严格地说，这是文化问题不是历史问题。当然，历史事实是传说的素地，是史实的内核。但"传说"更多的是后代爱国、爱乡、爱本土意识的附着体。有关大禹石纽山刳儿坪的出生传说是真实的，"兴于西羌"范围也是真实的，可以宽容地解释为"西蜀羌乡"这个大范围。大禹是从西羌生长并走出去的，大禹率领的夏后氏部族联盟是从这里走出去的，夏文化经历了西兴东渐的长过程（见拙文《夏禹文化西兴东渐简论》），这是古羌祖先在中华民族形成过程中的大贡献。因此，不能狭义地说，他只是羌族。他是"九州之戎"的大禹，是中华民族永恒的大禹。正如我们不能说小平同志只是四川的小平，他是全中国的小平，他是中国人民的儿子。匈奴与越族都是夏后氏的后裔，华夏先祖大禹降生圣地受到中华历代各民众的关注固属必然。

五、以民族认同为基础重建灾后羌族文化和大禹文化

汶山郡冉駹国有六夷、七羌、九氐都颇知汉字文书，说明早在冉駹国时期，西南夷的国家认同就超过本身子民族和亚民族的认同。中华民族内部亚族群相互之间的文化认同出现很早。国家认同、民族认同、文化认同三者有紧密的关系。国家认同是最大的认同，是基础。文化认同是内在心灵与心理的认同，是灵魂。民族认同是指不同地域生活文化习惯与传统的不同。其中，有大认同，指中华民族；有小认同，指子民族。因此，民族认同是特色。我们是在这样认识的基础上来重建今天灾后羌族文化和大禹文化的。

六、研究和传承大禹文化的关键

当前研究和传承大禹文化的关键是看能否把有关大禹文化的历史记忆、历史信息，特别是以大禹为象征的有关民族与国家认同感的历史遗产，包括大禹精神与文化符号以及与大禹有关的各种禹庙传统习俗恢复和传承下来。

这就需要深入进行文化内涵与历史底蕴的发掘，也需要把大禹作为民族精神家园象征的文化信息，化为旅游与创意产业的载体。有关大禹遗迹、遗存的地方很多，就看哪里传承大禹根脉深，哪里大禹文化脉络梳理得好，哪里大禹历史记忆保存得多，哪里大禹历史信息传承的量大，这是最有意义的工作。只有把大禹作为华夏人文的代表、民族精神的象征、民族凝聚力的标志，以此为主题来保护和建设有关大禹的遗存和遗迹以及有关传说等"非物"遗产，这才是真正有意义的工作，才是真正增强民族文化信念，增强华夏理想和华夏价值观，特别是增强中华民族核心价值体系的认同最有价值的工作。纠缠在几个故里、几个石纽、几个涂山、几个群会诸侯之地的论争，特别是因为本地本土的本位利益与现实利益而引起的带铜臭的论争，是没有价值的。因为这种大禹遗迹地域的模糊性是历史形成的，是四千多年历史信息与历史记忆变异的结果，是地域文化特色不同因而传承方式与传承内容发生变异的结果，总之一句话，是文化传承进程中历史真实与逻辑联系发生碰撞，其中包括历史的"记忆"与"失忆"两个过程互相碰撞的结果。我们今天重视的是传承中的大禹文化的真实历史素地与内核的精神挖掘，不是纠缠于大禹生在哪块石头上的无谓的争论。

古人对大禹出生的论争倒是持宽容的态度。唐人认为石纽作为大禹出生地，指的是"夏后氏发迹之地"，即大禹所领导的夏后氏部族最初的活动地，这个范围是很宽的。宋人则认为有两个石纽。《方舆胜览》说："古石纽在茂州，故有庙。"可见宋代已有汶川和北川两个石纽，一个称为"古石纽"，一个称为"今石纽"，这就是大禹文化传承变异的结果，也是"历史记忆"与"历史失忆"两个过程复杂交会的结果。因此，两个石纽都属于夏后氏部族的发迹与初期活动之地，都是真实的历史传承，在今天看来，都是大禹出生的纪念地，都是真实的遗迹，无法定出谁是谁非谁真谁伪。今人应该学习唐宋古人对待历史遗产的宽容态度，把北川、汶川两个石纽都建设成为大禹出生的圣地，共同组成"大禹故里文化圈"。"大禹故里"就在今天的西蜀羌乡。

作者：谭继和

大禹出生地考略

大禹是国古史传说中的治水英雄、中国历史上第一个古王朝——夏朝的奠基人，其丰功伟绩为历代所传颂，被尊为先圣、神王。嫘祖是古史传说中中华民族始祖黄帝的正妃、蚕桑丝织业的创始人，被后世祀为先蚕神。这二位在中国历史上占有重要地位而又与四川关系密切的传说人物出身何地？此问题在历史上争论上千年，而今天在大力发展文化旅游业的背景下，由于舆论宣传的影响，却似乎成了定论——大禹生于北川、嫘祖生于盐亭。

一、关于大禹的出生地问题

翻开古史传说记载，大禹是人还是神，至今在史学界亦难以做出结论。即使将大禹作为一个人来对待，传说中的大禹一生所作所为又非一个真实的人一生中所能完成的，故客观地讲，大禹起码是一个时代的缩影、一个被神话了的英雄。若从历史的角度来讲，既然大禹是否曾真实地存在过都难以确定，更谈不上其为何处人氏了。从古史传说记载来看，早期的历史文献均无关于大禹生于何地的记载。《左传》是中国最早的编年体史书，言大禹之事未言禹之生于何处。《竹书纪年》记先秦帝王年岁大事，无禹生何处之说。至西汉司马迁著《史记》，博采众书，历数十年方成，为大禹作《本纪》，亦只言"禹兴于西羌"。西汉时焦赣的《易林》也只说"舜升大禹，石夷之野"。西汉时蜀中大文豪司马相如博学多才，未言禹生何处。一代大儒董仲舒所著《春秋繁露》也未道及禹生何处。大经学家刘向在其著述中亦无禹生何处之语，仅于《新序·杂事》中记春秋晚期孔子的大弟子子夏与鲁哀公对话中有"禹学乎西王国"之语。其他的西汉时人亦皆只言大禹出于西羌，如陆贾《新语·术事》言"大禹出于西羌",桓宽《盐铁论·国病》说"禹生西羌"。独西汉末年扬雄著《蜀王本纪》始言:"禹本汶山郡广柔县人也,生于石纽,其地名刳儿坪。"但此后的大史学家班固著《汉书》未云大禹生于何处,牟融《理惑论》仍仅谓"禹生西羌而圣哲",赵晔著《吴越春秋》同样只说"(禹)家于西羌"。东汉经学宗师郑玄博学严谨,历考古注,无禹生何处之说。王允、蔡邕一代奇才,亦无禹生何处之言。至三国方又复传禹生石纽之说。《三国志·蜀书·秦宓传》载蜀人秦宓云:"禹生石纽,今之汶山郡是也。"

三国蜀人谯周作《蜀本纪》谓:"禹本汶山广柔县人,生于石纽。"可见,关于大禹的出生地在早期历史文献中本无记载。《史记》仅言"禹生于西羌",扬雄首言"禹本汶山郡广柔县人也"。按汶山郡始置于西汉武帝元鼎六年(前111),其地即今川西北岷江上游茂县、汶川、理县东部至都江堰市西部一带,广柔县故地包括今汶川县中部、理县东部至北川县西部,本为冉駹氏人之地,《山海经》称为"氐人国",《史记》《汉书》称"冉駹氏"。羌人进入该地区的年代,据考古发现、历史文献研究、羌族现代仍保存的民族古史传说,乃是在西汉中期以后的事。西汉中期以前,岷江上游汶山郡故地并非西羌之境,而是氐人之邦。《史记》说"禹兴于西羌",自然就不应在汶山郡,因为《史记》明言汶山郡是冉駹氏之地。至扬雄所处的西汉晚期,汶山郡则已为从西北南下的西羌人所占据,故禹生于汶山郡广柔县石纽山刳儿坪的说法,即使不是扬雄本人的杜撰,也是西汉中期以后才出现的一种伪说,并为扬雄所取、继为三国时秦宓及谯周所承袭。

即或按扬雄首倡的禹生汶山郡广柔县石纽山刳儿坪之说,大禹出生地亦不在今之北川县境,而应在今岷江上游的汶川县。除扬雄、秦宓、谯周言禹生于汶山郡广柔县之石纽外,此后魏晋时期的皇甫谧在《帝王世纪》中亦云:"伯禹夏后氏,姒姓也……生于石纽……长於西羌,西夷人也。"东晋常璩著《华阳国志》进一步言:"夷人营其地,方百里,不敢居牧。有过,逃其野中不敢追,云'畏禹神'。能藏三年,为人所得,则共原之,云'禹神灵佑之'。"汶山郡广柔县之石纽刳儿坪在何处?《青城记》云:"禹生于石纽,起于龙冢。龙冢,江源岷山也……有禹庙镇山上,庙坪八十亩。"是说石纽在岷江上游(江源)的岷山。至唐代,《括地志》记:"茂州汶川县石纽山在县西七十二里。"《元和郡县志》汶川县条下亦载:"广柔故县,在县西七十二里。汉县也,属蜀郡。禹本汶山广柔人,有石纽邑,禹所生处,今其地名刳儿畔。"唐代汶川县治地在今汶川县威州镇姜维城山上,故城尚在,其地亦西汉汶山郡治地所在。按上文所载,石纽山在今汶川县西南绵虒镇羊店村飞沙关上,其地西临岷江,唐代由汶川经飞沙关至成都的大道正是由汶川城出西门向西南而行,经飞沙关过羊店村驻地大邑坪,从桃关至灌口(今都江堰市治地)再达成都。

二、汶川石纽山

山上一崖壁上有古人横刻竖书的"石纽山"三个行楷大字,字体古朴凝重,颇有早期行楷之风,从字体风格来看当在汉末至两晋时期。其前方平缓台地当地羌民传说即大禹所生之刳儿坪,旧有禹王庙,残垣至20世纪80年代仍有保存,建筑遗迹至今可见。旁有古人所建"圣母祠",残垣尚存,为石墙体单体建筑,相传为禹母生禹处。该祠相传为纪念禹母生禹之功的香火祠,旧时香火不断,至"文化大革命"被毁。刳儿坪上方一山崖石壁上有横刻的隶书体"禹迹"二大字摩崖石刻,字体古朴刚劲,与汉隶近似,其镌刻年代当亦较早。此崖壁上端有大量自然凸起的纵横交错石纹,相传即大禹治水行历天下的山川之图——"禹迹"。再上方山崖石壁上镌刻有"大禹王故里"五个摩崖大字。石纽山下的大邑坪即晋代广柔县治地所在。汉代广柔县治地在今岷江上游理县东部通化乡境,晋代迁治地于今汶川县羊店村大邑坪,遗址保存至民国尚存,今仍可见其遗迹,其地名大邑坪即因有古广柔县故城邑而得名。此石纽山地处岷江上游岷江边的岷山上,与《青城记》所载相符。根据唐以前的记载,禹所生之石纽山在岷江上游岷山之中,石纽山与刳儿坪在一处,行政区划属汶川县境。在各处石纽山中,只有此处石纽山的地理环境、位置、古行政区划与唐以前的记载相符合。此外,在理县东部通化乡高山村寨汶山村村东石崖上亦有楷书竖刻的"石纽山"三大字,字径达

70厘米，石崖前方平地上亦曾有古人所建禹王庙。从字体风格看，此"石纽山"三字估计为唐宋时人所为，或因汉代广柔县治地距此不远之故。

自宋代开始，有关史地书籍中纷纷以石纽归石泉县，即今北川县。究其原因，与北川县南"石纽山"山崖上有传为唐代李白所书摩崖题刻"禹穴"二大字有关。《石泉县志》记载，石纽山在县治南之石鼓山，有石纽村，而刳儿坪在县南九龙山。石纽山即石泉县石鼓山之说出于明代杨慎之言，时代甚晚。就古史记载而言，首先是石泉县的石纽山与刳儿坪不在一地，与扬雄《蜀王本纪》所言禹"生于石纽，其地名刳儿坪"不合。又，石泉县在汶川县之东北，而唐代记载石纽山刳儿坪（畔）乃在汶川县之西，方位不合。从地望上来看，虽然北川县的石纽村所在之山亦属岷山一脉，然与江源——岷江上游相距甚远、毫不相涉，与《青城记》所载不合。从道里来看，《括地志》《元和郡县志》载唐代石纽山位于汶川县治地西七十二里，而石泉县的石纽山距汶川县相去甚远，而且方位不合（在汶川东北）。从行政区划沿革来讲，北川县古为石泉县，《元和郡县志》载石泉县"本汉汶江县地，贞观八年于此置石泉县"，知北川县在汉代本汶江县（治地在今茂县治地）属地而非广柔县地，特别是《括地志》《元和郡县志》均明确记载禹所生之石纽在当时的汶川县境而不是在当时的石泉县境，而今北川县石纽山、刳儿坪皆在唐代石泉县境而不属汶川县，故今北川县之石纽绝非唐代以前史书记载大禹所生之广柔县石纽。至于世传李白所书北川"禹穴"摩崖石刻，是否为李白所书已不可考，或为好事者为之而托名于李白？即使真为李白所书，亦当因其地为岷山一脉，且其地在汉代亦属汶山郡，李白至其地则有如已至禹所生之域而有此作。后世之人则进一步附会大禹所生之石纽在石泉，为了同早期传说的石纽属汶山郡广柔县相符合，于是宋代以后一些文人出于附会需要又将本属汉代汶江县的石泉县改为汉代广柔县地，石泉县的石纽村也就相应成了汉代广柔县的石纽村，但在具体的地理环境、方位、位置等许多方面仍无法与唐以前的记载相符，因而出现种种矛盾之处。因此，禹生石泉石纽山之说乃是宋以后兴起的附会之说。

三、结语

由上可见，禹生何处，本无传说，距大禹的时代相对较近的人皆不知大禹出生地在哪里，故史书中亦本无记载。自西汉晚期扬雄首倡禹生汶山郡广柔县石纽山刳儿坪，三国以后为世人所承袭，其地在今汶川县绵虒镇羊店村岷江之滨飞沙关上方。至唐代李白于石泉县题"禹穴"二字。宋以后传说中的大禹出生地便被部分文人由汶川搬到了石泉，即今之北川县境。至今，因禹生汶川石纽乡之说宣传少而禹生北川石纽之说宣传多，禹生北川在舆论上似乎便成了定论。

再说嫘祖的出生地。传说中的嫘祖为黄帝正妃（元妃），西陵氏之女。《史记·五帝本纪》云："黄帝居轩辕之丘，而娶于西陵之女，是为嫘祖。嫘祖为黄帝正妃，生二子，其后皆有天下。"嫘祖一作累祖，《史记·索引》案引皇甫谧云："（黄帝）元妃西陵氏女，曰累祖。"又作"累祖""雷祖"。《路史·后纪》载："（黄帝）元妃西陵氏曰累祖。"《山海经·海内经》载："黄帝妻雷祖，生昌意。"在魏晋以前的文献记载中，嫘祖并未与蚕桑业联系在一起，知以嫘祖为蚕桑丝织业创始人的传说并非固有的，直至北朝始出现祀西陵氏为先蚕神的制度。由于蚕桑丝织业乃是妇女的职业，故祭祀先蚕神西陵氏的祀典理所当然地由皇后主持。《隋书·礼仪二》记载："后周制，皇后乘翠辂，率三妃、三嫔、御媛、御婉、三公夫人、三孤内子至蚕所，以一太牢亲祭，进奠先蚕西陵氏神。"只说西陵氏为先蚕神，未说先蚕神即西陵氏之女嫘祖。唐代《乘异集》载："蜀中寺观多塑女人披马皮，谓马头娘，以祈蚕。"以蚕神为马头娘而非黄帝之妃嫘祖。关于以马头娘为蚕神，源于蜀中传说蚕女的故事，《蜀中广记》引《仙传拾遗》有载，《搜神记》《太平广记》《中华古今注》等许多史籍亦有记载，皆与黄帝之妃嫘祖无涉。实际上关于嫘祖为蚕神的记载最早见于宋代。北宋中叶丁度所著《集韵》中尚只说嫘祖被后人祀为行神，而未言是蚕神："黄帝娶于西陵氏女，是为嫘祖。嫘祖好远游，死于道，后人祀以为行神。"稍后的刘恕作《通鉴外纪》，才记述嫘祖为先蚕神："西陵氏之女嫘祖为帝元妃，始教民育蚕治丝茧，以供衣服，后世祀为先蚕。"此后，南宋罗泌

《路史·后纪》亦称："（黄帝）元妃西陵氏曰嫘祖。以其始蚕，故又祀先蚕。"元代王祯著《农书》，亦载："黄帝元妃西陵氏始蚕，实为要典。"可见，在古史记载中，以嫘祖为蚕桑丝织业的始祖乃是后起的传说、制度。

何以嫘祖会成为蚕桑业的始祖？这当与嫘祖出生的西陵氏部落有关。按西陵，《汉书·地理志》载"蜀郡有蚕陵县"，《水经注》官本"蚕陵"刻作"西陵"，故清代著名考据家沈炳谓"西陵"是"蚕陵"之误，西陵氏也就是蚕陵氏。按汉代蚕陵县系汉武帝元鼎六年（前111）于岷江上游因冉駹旧地设置。相传蚕陵系蜀地古史传说记载中古蜀国最早的先王蚕丛氏的葬地，因以为名。《蜀王本纪》云："蜀之先，名蚕丛，后代名柏濩，后者名鱼凫"，又说"蚕丛始居岷山石室中"。汉代蚕陵县故治在今岷江上游茂县较场乡之叠溪，有蚕陵山，其地至今仍有古人镌刻在大石上的"蚕陵重镇"四个大字。故汉以后西陵氏实本蚕陵氏，也就是蚕丛氏。蚕丛氏本为蜀山氏。"蜀"在文献记载中为一种野蚕，山因多"蜀"而称"蜀山"，民居其山而称"蜀山氏"。蜀山氏因驯养野蚕"蜀"成为家蚕而称为"蚕丛氏"。族名为蜀，该族所建之国亦称蜀，而其首领因驯养野蚕为家蚕被称为蚕丛王。蚕丛王教其民蚕桑之业，蜀人亦因此成为最早养蚕抽丝制衣服的民族，故蜀地传统重蚕桑，《四川通志》卷五十六称："（蚕市）在（眉）州城内官市。蜀本蚕丛之国，故州人习俗重蚕事。"而作为蚕陵（西陵）故地，小地名本为叠，有水称为叠溪，故明代于其地置叠溪千户所，清代沿为叠溪营。此"叠"字便与嫘祖有关。按嫘祖在周代青铜器上的金文中作"叠"，《愙斋集古录》卷十六第二十五有"甫人作叠妃媵匜"，《捃古录》金文一之第三、三十三有"叠妊作安壶"，清代著名金石学家孙诒让《古籀拾遗古籀余论》云"叠字疑为嫘祖二字合文"。按"叠"字本字即为叠，当因（嫘）祖系女子而加女旁作叠。蚕陵所在之叠溪的"叠"作为中国唯一的特殊地名用字，当源于其地本为古叠部落之地。嫘祖因系女子，出于叠部落。

作者：徐学书

古代诗谣颂禹

天问（节选）

禹之力献功，降省下土四方。
焉得彼涂山女，而通之於台桑？
闵妃匹合，厥身是继。
胡维嗜不同味，而快鼌饱？

——（先秦）屈原

拾遗记（节选）

禹铸九鼎，五者以应阳法，四者以象阴数。
使工师以雌金为阴鼎，以雄金为阳鼎。
鼎中常满，以占气象之休否。
当夏桀之世，鼎水忽沸。
及周将末，九鼎咸震：皆应灭亡之兆。
后世圣人，因禹之迹，代代铸鼎焉。

——（晋）王嘉

公无渡河（节选）

黄河西来决昆仑，咆哮万里触龙门。
波滔天，尧咨嗟。
大禹理百川，儿啼不窥家。
杀湍湮洪水，九州始蚕麻。
其害乃去，茫然风沙。

——（唐）李白

行次昭陵（节选）

旧俗疲庸主，群雄问独夫。
谶归龙凤质，威定虎狼都。
天属尊尧典，神功协禹谟。
风云随绝足，日月继高衢。

——（唐）杜甫

天池（节选）

天池马不到，岚壁鸟才通。
百顷青云杪，层波白石中。
郁纡腾秀气，萧瑟浸寒空。
直对巫山出，兼疑夏禹功。
鱼龙开辟有，菱芡古今同。

——（唐）杜甫

柴门（节选）

大江蟠嵌根，归海成一家。
下冲割坤轴，竦壁攒镆铘。
萧飒洒秋色，氛昏霾日车。
峡门自此始，最窄容浮查。
禹功翊造化，疏凿就欹斜。
巨渠决太古，众水为长蛇。
风烟渺吴蜀，舟楫通盐麻。

——（唐）杜甫

史记·夏本纪（索隐述赞）

尧遭鸿水，黎人阻饥。
禹勤沟洫，手足胼胝。
言乘四载，动履四时。
娶妻有日，过门不私。
九土既理，玄圭锡兹。
帝启嗣立，有扈违命。
五子作歌，太康失政。
羿浞斯侮，夏室不竞。
降于孔甲，扰龙乖性。
嗟彼鸣条，其终不令。

——（唐）司马贞

史记·三代世表（索隐述赞）

高辛之胤，大启祯祥。
脩己吞薏，石纽兴王。

——（唐）司马贞

新楼诗二十首·禹庙

削平水土穷沧海，畚锸东南尽会稽。
山拥翠屏朝玉帛，穴通金阙架云霓。
秘文镂石藏青壁，宝检封云化紫泥。
清庙万年长血食，始知明德与天齐。

——（唐）李绅

三代门·夏禹

尧违天孽赖询谟，顿免洪波浸碧虚。
海内生灵微伯禹，尽应随浪化为鱼。

——（唐）周昙

补乐歌十首·大夏[1]

茫茫下土兮,乃生九州。
山有长岑兮,川有深流。
茫茫下土兮,乃均四方。
国有安乂兮,野有封疆。
茫茫下土兮,乃歌万年。
上有茂功兮,下戴仁天。

——(唐)元结

[1] 元氏自注:有夏氏之乐歌也,其义盖称禹治水,其功能大中国。

禹 庙

禹庙空山里，秋风落日斜。
荒庭垂橘柚，古屋画龙蛇。
云气生虚壁，江声走白沙。
早知乘四载①，疏凿控三巴。

——（唐）杜甫

①四载：传大禹治水时用的四种交通工具，水行乘舟，陆行乘车，泥行乘橇，山行乘樏，故称四载。

九 鼎

禹行掘山足百谷，蛟龙窜藏魑魅伏。
心志幽妖尚觊隙，以金铸鼎空九牧。
冶云赤天涨为黑，寒风余吹山拔木。
鼎成聚观变怪索，夜人行歌鬼昼哭。
功施元元后无极，三姓卫守相传属。
弱周无人有宜出，沈之九幽拆地轴。
始皇区区求不得，坐令神奸窥邑屋。

——（北宋）王安石

涂 山

古传神禹迹，今向旧山阿。
莫问辛壬娶，从来甲子多。
夜淮低激射，朝江上嵯峨。
荒庙立泥骨，岩头风雨过。

——（北宋）梅尧臣

涂山歌

绥绥白狐,九尾庞庞。
我家嘉夷,来宾为王。
成于家室,我都攸昌。
天人之际,於兹则行,明矣哉!

——(先秦)佚名

注:相传禹娶涂山氏,涂山之人歌之。

于赫神禹

于赫神禹,绍平中天。
盛衰之间,难为继焉。
当彼汤汤,帝用皇皇。
父职之旷,生民之殃。
天将治乎,先有苦患。
如人欲亨,始于忧难。
忧苦之情,心事用惺。

患难之至，圣焉所宁。
惟帝知王，惟王协帝。
不爱其身，用平其世。
虽不已私，不遭于疵。
思幻妖奇，莫或近之。
足尽九州，德行四海。
声溢华夷，道贯无外。
乃歉躬修，乃益受勒。
工謦庶士，昌言则求。
视民之伤，逾己之疢。
谓民之漓，皆亡之咎。
此谓大圣，此谓至明。
于戏往矣，天平地成。

——（明）钟惺

廿一史弹词（节选）

话说起，三代君，尊称夏禹。姓姒氏，乃轩辕，黄帝元孙。
其父鲧，帝尧时，廷推治水。为无功，身得罪，殪死黄熊。
续父业，任司空，躬乘四载。娶涂山，呱呱泣，不顾私情。
瀹济漯，排淮泗，注江注海。任九州，作贡赋，禅代为君。
绝旨酒，拜昌言，下车泣罪。叙九畴，铸九鼎，镇国安民。

——（明）杨慎

谒大禹庙

古庙青山下，登临晓霭中。
梅梁存旧迹，金简纪神功。
九载随刊力，千年统绪崇。
兹来荐蘩藻，瞻对率群工。

——（清）爱新觉罗·玄烨

注：爱新觉罗·玄烨即康熙皇帝。

寻禹迹

岷峨近漏天，江水出禹穴。
长庚照仙李，间气钟离尘。

——（清）求质朴

注：求质朴为清乾隆年间的朝鲜诗人。

石纽山①

势极龙山一气通，山形扭折石穹窿。
香传薏苡②王孙草，瑞霭流星圣母宫③。
古道几湾留野牧，危江一带锁长虹。
羌人指点刳儿坪，隐约朝霞暮雾中。

——（清）高万选

①石纽山：在汶川县绵虒镇高店村飞沙关，史载为大禹出生地。
②薏苡：指仙草。此草的香气浓郁，可达数里远，唯圣贤之人能得之。
③圣母宫：在石纽山上为纪念大禹母亲所修的圣母祠，毁于"文化大革命"中。

石纽山圣母祠[1]

共传大禹产西羌,明德千秋颂莫忘。
江水发源神肇迹,休将石纽比荒唐。

——(清)吴棠

[1]圣母祠:圣母宫的别称,位于绵虒镇高店村飞沙关洞顶上的平坦处,今遗址尚存。

禹 穴

神禹藏会稽,其生在石纽。
迁史太白书,两地耀先后。
西蜀与东越,共仰三不朽。
擘窠留遗踪,郁津蛟蛇走。

——(清)董诏

汶川纪行诗

石纽山前沙尚飞，刳儿坪上黍初肥。
茫茫禹迹从何得，蹀躞荒山汗湿衣。

坪上羌民余两户，坪前高处有颓墙①。
坪中父老说神禹，手斩蛟龙下大荒。

禹王明德②古今悬，那计汶川与北川。
四海横流复昏垫，再平水土是何年？

——（民国）于右任

①颓墙：神禹庙残墙遗址。
②明德：于右任为汶川县禹王宫题"明德远矣"四字。

禹生汶川考证

大禹诞辰日期与治水年代

一、大禹诞辰日期

张善云在《禹生胜地何处寻》里说:"史载禹生于公元前2297年6月6日,至今已有4280余年历史。禹姒姓,有大禹、神禹之称,繁衍144代,夏王朝在位17王,14世,439年。"据《竹书纪年》《史记》《纲鉴易知录》编写的夏禹主要活动年表载,公元前2297年,帝尧(陶唐氏)六十一载,禹生于六月六日,禹生于广柔县石纽村,其父崇伯鲧始治水。

二、大禹治水年代

大禹治水成功后,人民不再受"洪水猛兽"的侵害,而得以安居乐业。大禹也因治水功绩而得以接受舜的禅让,成为部落联盟之主,并因此建立中国历史上第一个国家政权——夏朝(公元前21世纪至公元前16世纪)。《史记·夏本纪》载"天下之民从之""禹稷耕稼而有天下"。禹被奉为"天下共主""天下君""帝禹"。4300多年前,洪水泛滥。《尚书·尧典》云:"汤汤洪水方割,荡荡怀山襄陵。"洪水威胁着人们生命安危,舜派禹治水。《商颂·长发》云:"洪水芒芒,禹敷下土方。"《尚书·禹贡》明确记述:"岷山导江,东别为沱。"即为大禹治水的佐证。

史料考证禹生汶川与物证

一、禹生汶川史证

　　大禹出生于汶川（汶山、广柔），最早见于战国时代的《竹书纪年》："帝禹夏后氏，母曰修己……修己背剖，而生禹于石纽。"司马迁《史记·六国年表》说："禹兴于西羌。"魏晋皇甫谧也在《帝王世家》中注解："孟子曰，禹生石纽，西夷人也。传曰：禹出西羌，是也。"西汉扬雄著《蜀王本纪》："禹本汶山郡广柔县人也，生于石纽。"三国谯周著《蜀本纪》："禹本汶山郡广柔县人也，生于石纽，其地名刳儿坪。"《三国志·蜀书·秦宓传》载："禹生石纽，今之汶山郡是也。"西晋陈寿著《蜀志》："禹生汶川之石纽，夷人不敢牧其地也。"东晋常璩著《华阳国志·蜀志》载："禹生石纽，古汶山郡也。崇伯得有莘氏女，治水行天下，而生禹于此。"北魏郦道元著《水经注》："广柔县石纽乡，禹所生也。"唐李吉甫著《元和郡县志》："广柔故县，在县西七十二里。汉县也，属蜀郡。禹本汶山广柔人，有石纽邑，禹所生处，今其地名刳儿畔。"《青城记》云："禹生于石纽，起于龙冢。龙冢者，江源岷山也……有禹庙镇山上，庙坪八十亩。"唐代《括地志》记："茂州汶川县石纽山在县西七十二里。"据《大明一统志》引《山海经》说："神生汶川，马首龙身，禹导江，神实佐之。"可见禹生汶川石纽刳儿坪属可信史。

二、禹生汶川之建置沿革证

　　行政区域及建置的出现，是历史进步的一大标志。黄帝"画野分州"，有了行政区的萌芽。那时，西蜀汶川是岷江流域古冉駹国极为活跃的地域，故而在禹划定九州时，皆示为氐羌或蜀羌。《禹贡》中的九州中，梁州所辖地域就是冉駹古羌国之地，汶川乃其中。秦灭巴蜀后，推行郡县制，汶川为湔氐道，属蜀郡所辖。汉武帝元鼎六年（前111）实施郡、县两级制，汶山郡置绵虒县。东汉时，称绵虒道。东汉后期，推行州、郡、县三级制，绵虒道属益州所辖。三国时置汶山郡，辖汶山县。晋改绵虒县为汶山县，属汶山郡所辖。隋沿袭汶川县，废郡改汶州后又复归汶山郡。唐开始设立道，其行政区划上仍袭州、县制。汶川隶属茂州。故此，汶川县建置最早。

虽然历史上汶川辖域或是隶属有所变动，可汶川县的建置未变，其沿革脉络仍然十分清晰。由历史行政区划沿革脉络探究，扬雄首倡禹生汶山郡广柔县石纽山刳儿坪之说是成立的，且能站住脚。至于广柔，从置汶山郡，就有广柔县的建置。县治所在地，初在今理县古城（也有说薛城），后迁至漩口，最后迁回汶川县绵虒镇的大邑坪。由此可见，唐朝李吉甫著《元和郡县志》说："广柔故县，在县西七十二里。汉县也，属蜀郡。禹本汶山广柔人，有石纽邑，禹所生处，今其地名刳儿畔。"与今天绵虒大邑坪与刳儿坪的距离相吻合，禹生汶川实属无疑。

三、景云碑刻物证

2004年3月，吉林省文物考古研究所三峡考古队在重庆市云阳县旧县坪发掘出东汉巴郡朐忍令景云碑。此碑成于东汉灵帝（刘宏）熹平二年（173），距今1849年。此碑现藏于重庆市三峡博物馆中。汶川县大禹祭坛内的"景云碑"为复制碑。

碑文详细记载了因汶川是降生神禹的地方，为维护神禹君王的地位，梓潼官员及禹部落九族的长老们来汶川会盟，在大禹出生地祭祀大禹，在石纽山追述大禹功德来勉励族人后嗣。其中的"大业既定，镇安海内，先人伯沇，匪志慷慨。术禹石纽，汶川之会。帷屋甲帐，龟车留滞。家于梓潼，九族布列，裳繞相龙，名右冠盖"和"皇灵禀气，卓有纯兮。惟汶降神，梃斯君兮"成为佐证禹生汶川的有力物证。

民间祭禹俗证

民间祭禹历史悠久。汶川乡民祭祀大禹的次数以及参与人数究竟有多少，虽无从查考，但从汶川绵虒民众祭禹活动来看，人们除了在大禹诞日祭禹外，在每年的春节、二月二、六月六、九月九当地都有祭祀大禹的活动，参与人数有多有少，几百几千乃至上万不等。考虑到汶川禹王庙会的历史渊源和参与人数，相关专家认为，汶川禹王庙会应该是蜀西岷江流域最大的民间庙会，其举办民间祭禹庙会的历史亦很悠久。

一、官庙诞日祭禹

旧时，汶川绵虒一带的乡人都要到大禹庙（石纽山刳儿坪，即大禹诞生地）和禹王宫祭祀大禹。尤其是后者，是专为祭祀大禹而修建的，因有戏台故名"禹王宫"。每年大禹诞日（六月初六），绵虒附近十里八乡的山民都要带上三牲（牛、羊、猪）与祭酒，敲锣打鼓，吹起唢呐、口弦、羌笛等器乐到禹王宫祭拜大禹。届时参与诞日祭祀禹王的人数之多，可谓人山人海，村寨空巷。

二、祈雨还愿祭禹

岷江河谷是个"十年九旱"的干旱河谷，入夏以后，久晴不雨，严重影响农作物的生长和庄稼人的粮食收成，祈雨便成了绵虒一带羌族人常开展的一种活动，尤以簇头寨（古时称"择头"寨，传说这个寨子出聪明人，每出一个聪明人，都会被地方官府选走）、里坪寨、高店村为甚。

祈雨这天，人们在会首（或释比）的带领下，男子敲锣打鼓甚至舞龙

（簇头寨舞彩龙、里坪寨舞黄龙、高店子舞麻龙），女子背上香烛、柏树枝、甜酒（醢酒）、刀头（猪肉）等祭品，排成长长的队伍前往刳儿坪禹王庙祭祀王爷（当地人称大禹为"王爷"）。在禹王庙前的场地上，由会首领头，敲打羊皮鼓、挥动响铃，抑或敲起锣鼓，青年女围成圈跳萨朗。

然后，由会首向禹王爷祷告，内容大意是：赤日炎炎，如焚如燎。黍稷之苗，十死八九。是无夏又无秋，民将何以为命？麦秋之期，近在旦夕。看此气象，敢有准疑？民今扶老携幼，诚心向禹王祈雨，遍祷群祀。抑忧诚之感有所未至欤？窃独惟念禹神之灵，实主此邦。重言累语，沥此危苦。神其哀悯，为众请命。使汶山之土，浸淫澍泽；垂死之民，再萌生意。谨告①！

最后，参与祈雨的人跪地向天唱"求雨歌"。歌词大意是："天神啊！王爷啊！你可听见我们的呼喊？五谷丰登，人畜兴旺。全靠你用银雨的恩典，羌人祈雨粮食才能获得丰收。"

通过祭禹仪式、舞龙、跳萨朗等活动，刳儿坪上的锣鼓声、皮鼓声、舞步声、吆喝声、歌声、笑声、嬉闹声响彻山谷。特别是一些老人，常常触景生情地哭喊起来："王爷啊！你施场雨吧！我们的喉咙都干起烟了，吞咽口水都困难哦。王爷啊！你快点施雨吧。我们向你许愿，一旦获得丰收，明年春节、二月二、六月六、九月九，我们一定前来给你还愿，用'三牲'（牛、羊、猪）等贡品祭祀你，用'三龙'（彩龙、黄龙、麻龙）朝拜你……"

说来也神奇，原本天空太阳高照，没有任何下雨的迹象，经过人们的祈求后，天空就慢慢乌云密布，大雨甚至瓢泼大雨很快就降下来了。求雨的羌人为了下山，只得把锣鼓、羊皮鼓、彩龙、黄龙、麻龙等家什放在禹王庙里，或等雨停了以后才下山回家，否则，一个个都会被大雨淋成落汤鸡。

据曾经在刳儿坪上居住了几十年的郭洪生老人讲，他听他的老辈人说，旧时绵虒羌人在刳儿坪求雨时，人山人海。特别是禹王庙、圣母祠每到二月二、六月六、九月九，成千上万的人们会拥进禹王庙、圣母祠，以真诚之心

---

① 祷告内容后文有专章，在此不再赘述。

朝拜，请求恩赐，以保五谷丰收，人畜兴旺。

有民谣曰："禹王庙、圣母祠，朝拜香火很是兴旺；飞沙关、高店子，烂稀饭都卖好价钱。"绵虒乡人祭禹也逐渐成了当地习俗，沿袭至今。

求雨，又称祈雨，早在中国西汉时期就有记载。它是一种民间活动，是中国农民生活的真实写照，反映了人们在恶劣的自然生活环境中，渴望美好明天，创造美好生活的一种期盼行为，它真真切切地把"地上没有天上求"的思想变成一种现实！岷江上游地区常年干旱无雨，人们为了生存和生活，会烧香祷告，祈求上天使威生云、生雨救民。故当久旱不雨时，人们便会举行祈雨仪式，祈求王爷降雨。

颂神禹

（羌族经典史诗　证禹生汶川）

一、石纽投胎

在这良辰佳节里，在这吉运高照时，释比我要诵唱经，诵唱先祖大禹根，诵唱先祖大禹源。先祖圣禹生羌地，羌人大禹名传播，他的好事说不完，好事多如天上星，他的故事说不完，犹如凡间之沙石。好事从何人说起？好事从大禹说起。大禹故事从何讲？故事是从何地起？故事起源在天界，天界最大木比塔，掌管天界和众神。众神之中有二位，一个是那管水神，一个是那管火神。两神都是急性子，火神水神是冤家，他们见面就吵架，真是水火不相容。两神天上吵不休，争论谁的本事大，争论谁的本领强。水神争先抢着说，天下不能没有水，要是凡间没有水，万物枯死不复存，坚硬石头要裂开。毫不示弱火神道，天下不能无火光，要是凡间无火光，世间万物不生长，巍峨大山要腐烂。两神越吵越厉害，谁也不服谁的气，最后干脆动干戈。火神拿上金龙枪，金枪舞动冒金光；水神举起银牙刀，银刀舞动冒银光。两神从天打到地，两神从地斗到天，从山巅战到山底，从地面战到地下，苦战二十一天整，杀得天昏地又暗，天地一时难分辨。火神金枪被刺钝，金枪变成长扁担，水神银刀也砍钝，银刀刀身成月牙，难分两神谁胜负，扔掉手中刀和枪，同意凡间决胜负。两神飞身来凡间，正是羌人居住地，炊烟袅袅人烟织，牛壮羊肥遍山坡，羌人生活好安乐，青山绿水景象新。两神来到羌人地，火神拿起鹅卵石，水神拿起大泥块，从东方打到西方，从西方打到东方，从早晨打到晚上，从夜晚打到天亮，

拼杀了四十九天，地上石块打尽了，地上泥块已打完，把好端端的羌地，
打得个一塌糊涂。水神渐渐力不支，行动迟缓已无力，石块飞来无法躲，
最终战败伤了身，只得落荒而逃跑，逃到草地不敢歇，逃到莽林不敢躲，
害怕火神烧莽林，左思右想跑山巅，躲在山尖崖缝处，岩缝养伤把事想，
想来想去怪羌地，羌地泥块不坚硬，羌人泥块不经打，自己战败怪泥块，
自身受伤怪泥块。水神越想越气愤，既然泥块污我名，既然泥块害我身，
我拿羌地把气出，我叫羌人把苦受。水神像脱缰野马，水神像瞎眼野牛，
水神像疯狂猎狗，朝东方向去乱撞，朝西方向去瞎撞，跑到哪里撞到哪，
施展浑身之法术，处处洪水始泛滥，一片江洋淹羌地。洪水淹没了庄稼，
洪水淹没了田地，洪水淹没了寨房，洪水冲走了牛羊。羌人失去居住地，
可怜扶老又携幼，有的岩洞把身藏，有的像鸟筑巢住，有的活活被淹死。
毒花恶草四处长，凶禽猛兽四处游，羌人死于饥饿中，羌人丧生野兽口，
羌人死亡数不清，羌人灾难道不完，真是神仙来打仗，凡间羌人遭了殃。
话说天神木比塔，知晓两神闯大祸，木比下令四天将，捉来水神关天牢，
再拿火神同关押。神台压住两罪神，两神吓得汗直流，各自懊悔泪满面，
只因我俩好争强，造成凡人受苦难，两神认识了错误，愿意接受天戒条。
天神木比严声道，两神罪责不可饶，凡人之地去争斗，天下凡民受磨难，
不惩难慰诸位神，不罚难解民怨愤，下旨免去神职位，永远不得离天界，
告诫两神时记牢，无私奉献帮凡民，贡献温暖和甘露，天神心间挂民众，
眼见大地凄惨状，洪水泛滥猖獗流，心急如焚坐不安，迅速召集众神灵，
商议如何帮民众。智多神灵敬拜道，凡间大地无限多，滔滔洪水四处流，
虽然我们有神通，根治洪水难断根，根不治断洪水流，洪水卷来害凡民，
我们诸神成罪人，要使洪水治断根，挑选一神降凡间，投胎凡人寻水根，
率领民众治洪水。众神推荐出龙神，只因龙神能吃苦，只因龙神有善心。
龙神听后深感动，感谢诸神信任他，乐意下凡去人间，牺牲自我为凡民，
完成天神的宏愿。龙神投胎吉运日，选择羌人石纽地，石纽住有一夫妻，
吃苦耐劳做庄稼，夫妻膝下无儿女，时时盼望得子女。妻子这日做庄稼，
石纽上空祥云飘，祥云金光四射照，比羊角花更绚丽，像宝石一样耀眼，

眨眼落下白石头，白石触地地摇动，妻子肚子有振动，犹如怀孕儿在动，
急忙回家告诉夫，丈夫听后很惊喜，夫妻跪拜谢天神。原来此事全真实，
龙神投胎已成功，只等出世造福人，从此洪水有人治。

二、出世不凡

石纽羌地好地方，山清水秀好景致，天界神仙常来游，流连忘返念不舍。
龙神投胎石纽地，转眼已是十余载，羌家妇女怀十年，怀胎受难经波折，
没有饭吃吃野果，没有羹喝喝泉水，吃尽石纽山野果，喝尽石纽山泉水。
怀胎十年多艰辛，怀胎十年多不易，阿巴木比看在眼，心生敬重和感动，
投胎转世已告成，只等吉日来出世，指令花仙羊角神，前往石纽细察看。
羊角花神不敢误，飞身来到石纽地。羌家妇女忙劳作，忽感肚里实疼痛，
慢慢倚靠田坎歇，腹中疼痛绞心窝，豆大汗珠脸上冒，预感产仔临此时，
只叹丈夫不在旁，着急之时便昏迷。羊角花神看在眼，急忙变成一老姬，
飞身扶起忙回家。羊角花香进鼻中，羌家妇女醒过来，腹里疼痛更剧烈，
痛苦呻吟声不断，三天三夜受煎熬。这日拂晓雄鸡鸣，天地四方红灿烂，
东方闪动一流星，羌家妇女一惊叫，生下满身血斑儿。男婴落地哇哇哭，
声音响亮又清脆，哭声惊动了天神，天神动容降雨水，三天三夜降润雨，
石纽满山羊角花；哭声惊动土地神，神灵动容给灵气，灵气缠绕众山峰，
石纽群山有生机。羌家夫妻得贵子，男女老少四面来，踏歌跳舞齐欢唱，
欢娱作乐笑开颜，祭拜天神谢天恩。贵子生时雄鸡鸣，雄鸡鸣啼来世间，
父母取名叫禹基，羌人尊称为大禹。他生来神奇灵异，襁褓之中能言语，
三天之后能交谈，三个月就会走路，三岁长成大小伙。大禹相貌实在俊，
脸盘轮廓像雕刻，眉毛黑黑像箭镞，眼睛明亮像星星，鼻子挺拔像山梁，
嘴唇厚厚像山脉，身材大山样强壮，双臂像红松样壮，双脚健壮如铁钎。
大禹本领实高超，腾云驾雾能上天，飞上天去能摘星。大禹他聪明通达，
他能预测天上事，他能明理凡间事，天空飞鸟顺从他，地上走兽跟随他，
他的智慧无穷大，他的心胸比海宽，洪水滔天盖大地，洪水不断心不甘，
誓要为民除水害，誓与羌人同甘苦。地上有啥之怪物，天上就有啥神治，

大禹来到了人间，洪水妖怪末日到，往日威风耍不了，治得洪水来灌溉，五谷丰登堆满仓，凡间民众有温饱。

三、涂山联姻

大禹来到凡间地，正是洪水泛滥时，洪水淹没了田地，洪水冲塌了房屋。没了田地和房屋，羌民无粮来充饥，羌民无房来栖身，四处逃散命难保，妻离子散痛心间。大禹看见心着急，大禹看后心难受，体内热血像沸腾，暗暗发誓治洪水，洪水不治心不甘，决心要为民除害，治得洪水佑人类。大禹召集众羌民，细细讲明治洪水，洪水虽然在泛滥，只要齐心可治理，号召大家去山岭，砍回青冈树备用。羌民砍回青冈柴，背回树木千千根，背回枝叶万万堆。大禹看后真高兴，治理洪水心急切，吩咐大家削树干，树干削尖待备用，吩咐大家烧枝叶，枝叶烧灰待备用。大禹带领众羌民，扛来树干插水中，鹅卵石片砌水中。不等树干插立完，洪水淹没了树干，取来树灰堵冒水，这边堵住那边冒，那边堵住这边流。四面冒水捺不住，洪水依旧浪滚流，大禹看后连叹息，羌民看见心意灰。大禹心急如刀绞，洪水为何治不了，坐卧不安难入眠，天天察看洪水流，想来想去方明白，原来洪水无通道，乱碰乱撞似野牛，狂奔乱跑像野马。大禹暗暗下决心，定要弄清其原因，前去请教百岁老。百岁老人告诉道，石纽山峰正对面，有座山峰名涂山，涂山山高又险峻，站立山尖能望远，能见很远的流水，能见很远的水路，涂山山中有贵人，遇见贵人有缘分，遇见贵人有福气，贵人助您事必成。大禹相信老人话，急忙上路向涂山，此时正是阳春月，桃李开花四处艳，阳雀鸣叫响山间。大禹无心看美景，越过一条条水流，翻过一座座高山，忘记疲劳和饥饿，历经艰辛和困苦，终于登上涂山顶，流水重山在眼下，条条流水水路明，大禹记了山与水，山脉水路记心间。大禹记住往回走，走至涂山半腰时，听见有人吹羌笛，羌笛悠悠林间传。大禹好奇忙探看，定睛一看大惊讶，美貌若仙羌家女，她的眼睛亮如星，她的脸蛋赛桃花，头戴雪白绣花帕，身穿绣花长衫衣，正在专心吹羌笛，身边鸟儿和野兽，竖起耳朵听羌笛，身前有块白石包，上有一张羊皮图，

图上画的是线路。大禹看后无心留，正要转身赶路程，没想羌女先说话，
偷听笛子正是您，不说也知是大禹。大禹上前答礼道，您为何知道我名？
美丽羌女告诉道，我已等您好几月。大禹听完更奇怪，您等待我有何事？
美丽羌女告诉道，天下洪水成灾难，百姓苦难深重重，天神木比托梦我，
石纽有位叫大禹，治理洪水是能手，要来涂山看水路，返回路时过此处，
叮嘱在此等候您，传您涂山祖传图，三江九水送给您，说罢将图拿起来，
双手捧起给大禹。大禹接后深感激，恍悟贵人就是她，询问姑娘的姓名？
姑娘害羞回答道，我家就住涂山地，人们叫我涂山氏。两人话语说不完，
治理洪水共商议，情投意合两情愿，时遇此时吉祥日，拜天拜地拜涂山，
圣洁白石作见证，一同治理洪水怪，涂山联姻成佳话。

四、背岭导江

大禹打开羊皮图，认真察看水路位，仔细研究羊皮图，三江九水都查清，
要想洪水治断根，开山引路出山地，滔滔洪水导入海。大禹要往高处走，
察看山势和山形，开了那山有水路，告别妻子要上路。为让大禹早上山，
为使大禹行路快，涂山氏绣五彩线，大禹鞋上绣彩云，彩云绣在鞋帮上，
登上彩鞋行如飞，跋山涉水任自由，云云鞋儿由此来。大禹历经苦和难，
口渴山泉来解渴，攀摘野果以充饥，千座山峰已越过，万条江河已蹚过，
终于来到岷江源。岷江源地陡山险，高大山岭重叠嶂，群岭阻挡无水路，
每年八月是秋雨，秋雨连绵是雨季，山洪像羊群下山，千沟万壑发洪水，
全部涌进岷江内。洪水堵在深山内，不能顺利流出去，山前房屋被水淹。
山外土地宽又平，大山阻水水不流，水田干得裂开口，百姓吃水更困难，
水比菜油还金贵。大禹来到岷江边，仔细观察山和水，分析江河和水路，
认为只有移群山，才使山前无水灾，解去山外之干旱。大禹决心移群山，
要给百姓谋幸福，移山吉日已掐算，传遍羌寨户户家，九沟九寨都知晓，
良辰吉日皆盼望。大禹来到岷江边，各寨羌民来相助，顿时江边人山涌。
大禹静静站江边，手无劈山的斧头，身边没有大力士，两手空空立江边，
两眼平视看前方，想到洪水冲田宅，想到洪水害羌民，热血沸腾涌全身。

大禹甩开铁肩膀，蹬起铁柱八字脚，朝着日出的东方，深深吸了一口气，
然后伸开铁臂膀，反手铁臂抠大山，抠住大山一声吼，吼声滚滚震天地，
只听轰隆一声响，就像天柱断了根，灰尘满天遮太阳，就像烧锅水沸腾。
霎时天地难分清，九天九夜尘雾散，艳阳高照晴朗朗，只见阻水群山峰，
座座山峰移两旁，原来大禹把山背，座座背起摔江边。人们欢跳皮鼓舞，
载歌载舞人欢乐，百姓感激大禹恩，世世代代永传颂。自此岷江多畅流，
浩浩荡荡奔大海，百姓不怕洪水灾，百姓不怕天干旱。

五、化猪拱山

英雄大禹背山岭，事迹感动众百姓，歌功颂德赞大禹，治理洪水立大功，
只为百姓能安康。话说禹妻涂山氏，常年挂念大禹来，大禹出门治洪水，
成天忙东又忙西，背岭导江日夜忙，九年三次过家门，洪水不治不入门。
深深感动涂山氏，暗下决心助大禹，开山导流治洪水，涂山氏祈求天神，
请求天神木比塔，传我法力治洪水。木比听后深感动，愿意帮她了心愿，
只因涂山女人身，传授法力无威力，愿传动物变身法，变得一头神威猪，
点化神猪有神威，拱山移山是能手。涂山听完谢木比，每天黑夜到来时，
变成偌大一神猪，悄悄来到大山下，坚硬鼻头拱山岭，山岭座座被推平，
开山导水水流走，鸡鸣之时才回家。大禹背山引水路，发现阻水的大山，
被谁推平了许多，发现岩上有毛发，发现岩上有血迹。大禹感到很奇怪，
决定察看弄明白，以便登门去拜谢，既然白天无踪影，那么夜晚会现身。
大禹等到天黑时，趁着月色来江边，只见堵水的大山，正在渐渐往下垮，
消沉水中被淹没，洪水流向缺口处，波涛滚滚流出去。大禹睁大眼睛看，
泥涛之中有一物，一头神猪如小山，浑身沾满稀泥水，埋头正在拱山岭。
大禹心中多感激，正要上前致谢意，哪知神猪被惊动，回头看见大禹来，
就想夺路往回逃，却被大禹逮住了，现了原形是涂山。涂山觉得已露相，
觉得自身太丑陋，无脸见到丈夫面，转过身体化神猪，沿江向西狂奔去，
跑到西边荒凉地，丛林深涧化山峰。涂山为禹把山拱，涂山为民来造福，
百姓为了纪念她，从此地名涂禹山。

六、功德永垂

释比我来掐算过，掐算今天是吉日，古祥之日颂大禹，颂唱大禹是神灵，您是凡人大救星，您像红日当空照，普照万物有生机，您像星星映凡间，您像圆月照凡民，日月融在您身上，苍天大地您顺从，投生凡间为百姓，驱除洪魔世安宁，搬掉无数的山岭，九沟之水顺江流，岷江两岸住羌民，雷雨交加不用怕，洪水汇江归海流。从此旱涝民不怕，江水溉田粮丰收，五谷丰登粮满仓，凡民百姓多欢畅。弟子释比在今天，唱颂禹经已到此，敬禹仪式快结束，美酒拿来敬大禹，不敬大禹不敢吃，刀头献上敬大禹，五谷香馍敬大禹，您为凡民受苦累，苦有功劳累有绩，凡民永远记心间，子孙后代永不忘，治水精神代代传，治水功德代代颂，您是百姓永恒魂，世世代代敬奉您。

大禹民间故事

石纽投胎

汶川是大禹故里。大禹从这里走向治水利国之路。"羌风荡荡，禹迹绵绵。"这就是司马迁笔下的蜀西门户，华夏先祖大禹诞生的地方。大禹的崇高精神，千古传颂，万民敬仰；大禹的优良作风，千古流芳，万世名扬。大禹王的故事，至今还在家乡流传；大禹王的歌谣，至今还在家乡传唱！流传在羌族中的大禹传说都讲到大禹是羌族天神木比塔派来的治水英雄，因为他是神，所以出生不凡。关于大禹出生的传说有很多版本，内容各异。

《石纽投胎》的传说中讲到大禹是天上的神龙，他投胎那天，他的母亲看见蔚蓝的天空飘着如羊角花一样的彩云，当彩云飘到石纽山上空时，突然从云中掉下一块雪白的大石头，在白石头触地的一瞬间，他的母亲感到肚子里被什么东西搅动了一下，就怀孕了，生下了他。这时，石纽山下的岷江河边从地下冒出来了甜美的泉水，大禹喝了它便懂得了治水的道理。

《刳儿坪出世》故事中讲到大禹的母亲到禹穴沟去寻食，突然觉得肚子痛，便靠在崖边休息，一直痛了三天三夜，她的痛苦呻吟惊动了女神俄司巴西。慈善的女神见她很可怜，于是用神刀剖开她的肚子，生下了大禹。后来，人们把大禹母亲休息的地方叫"刳儿坪"，意思是生儿的地方。现在祈求生儿子的妇女们都爱到刳儿坪上坐一坐，沾沾灵气。

《石纽出世》这个传说讲的是这样一个故事：羌族供奉的天神手下的火神和水神打架，水神输了，被贬到人间，他撒气发大水，淹没了田地、房屋和牛羊，给百姓带来数不清的灾难。天神便派了一个治水英雄下凡。某天夜里，一位羌族妇女生下了儿子大禹。刚出生的大禹满身血污，他母亲把他放进金锣岩边一个水池中洗，结果把一池的水都染红了（到现在都有传说，说那池水每到八月十五晚上，在月光下看那水还是红色的）。大禹被水一惊，哇哇大哭起来，惊动了天神木比塔，他为大禹下了三天三夜的金雨。这些金雨落到地上，变成了现在人们认识的石榴子石（玉砂石）。

作者：羌　然

大禹出世

上古时候，水神共工和火神祝融是冤家对头，两人碰到一起，不是吵就是闹，有时还要刀枪相见。有一天，两人又碰到一起了。共工说："人世间水为第一重要，没有水，庄稼不长，万物难存。"

祝融说："世界上火为第一紧要，没有火，夜不见光，食不能熟，活剥生吞，如同野兽。"

两人各持己见，争论不休。祝融生来脾气暴躁，操起火龙长枪向共工射去。共工也不示弱，拿起金银铜环迎战。他们从早上打到晚上，从天上打到地上，一个枪舞徐徐生风，一个环飞寒光闪闪，真正是水火不相容。他们一直大战了七七四十九天，杀得天昏地暗、日月无光。共工杀过来杀过去战不赢祝融，又羞又恼，一头撞向不周山。这一撞不要紧，却将那支撑天空的四根大柱撞断了一根。顿时，天地倾斜，日损月残，西南的半个天空都塌了下来。银河里的水顺流而下，大地上洪水滚滚，整个世界乱了套，大地上的百姓遭受了苦难。

这事让女娲娘娘知道了，她看到天地遭到这样的毁坏，人间灾难四起，就决心补天，救百姓于水火之中。她从东海、南海拣来五色石，从太阳神那里借来金针，熬炼石浆，一块一块地补，一处一处地填。当补好天上的最后一块窟窿时，女娲娘娘也累倒了。她在绵虒石纽沟的石纽岩边休息，不知不觉睡着了。她突然梦见南海观音菩萨抱着一个小娃娃来到她的面前，对她说："你补好了天，但四处的洪水还要靠这娃娃去疏导呀！"

女娲娘娘一惊，忙问道："他叫什么名字？"

"禹！"观音菩萨说完就不见了。女娲娘娘醒来，只觉得腹中阵阵剧痛，不久就生下了大禹。女娲娘娘生下大禹后，见他满身血污，就把他抱到沟边一个水氹里洗浴，竟然把一潭碧水洗成了红色。大禹被凉水一激灵，哇哇大哭起来。哭声惊动了天王木比塔，木比塔就为大禹下了三天三夜红雨，给他淋雨去淤。那雨珠亮闪闪的，当地人都以为是金子。女娲娘娘说："啥子金子啊，狗金子（石榴子石，也叫玉砂）。"

后来，因为大禹在石纽山刳儿坪出世，大禹洗浴过的那个水池，池底斑斑红色仍在，人们便称它为"洗儿池"。女娲娘娘歇息过的岩穴处，后人称为"禹穴"。苟廷一、谯光发诗曰："久闻圣迹现登临，崇山于今禁牧人。全国几多风物处，汶川禹穴实堪矜。阅史探踪颇着难，而今石纽已斑斑。岩留虫楷洞犹丽，池洗胎儿血尚鲜。"便是对当年的见证。

作者：周云川

大禹断案

一、贝币

从前，大邑坪是广柔县县治所在地，是一个繁华的小镇。小镇虽然不大，但酒家、饭馆、歇客店一家挨一家，生意红红火火。镇子的西边有一家酒店，进镇的人远远地就能看到酒店的招牌幌子。因为地处小镇的交通中心，来来往往的行人众多，所以这家酒店每天都挤满了喝酒吃饭的客人。

这家酒店的掌柜尔玛阿爷是西羌本地人，祖祖辈辈经营着这家店。阿爷为人勤快，又讲信用，有时还仗义疏财，救助穷人，因此，这家酒店在当时的广柔县名声颇佳。

有一天，掌柜阿爷正帮着小二收拾碗筷，突然发现一张饭桌下面的小横架上搭着一个宽约四寸、长约八寸的蓝布口袋。他好奇地取下，打开一看，里面竟然装着两个贝币和十几个骨币。

掌柜阿爷心想：生意人就讲究一个"义"字，别人的钱财落在了我的店中，我可不能据为己有，先替失主好好保管，等失主回来寻找时再还给他。想到这里，掌柜阿爷便将这钱袋收好，放到柜台里去了。

过了一会儿，有一个癞皮狗似的年轻人急匆匆地跑进店里，在刚才那张饭桌子下面装模作样左寻右找，样子十分焦急。掌柜阿爷见状，忙过来问他："客官，你可是在找什么东西吗？"那年轻人装出一副十分焦急的样子说："是啊，我刚才把一个蓝布袋子忘在这里了，这么长这么大……"年轻人边说边比画着。掌柜阿爷见他说的袋子跟刚才自己捡到的一模一样，相信他就是失主，于是返回柜台，拿出钱袋递给他说："你看看，是不是这个？""没错没错，就是它！"年轻人满脸欢喜地接过袋子，边说边打开看。突然，他大叫起来："不对呀！"掌柜阿爷满是笑意的脸一下子拉了下来，忙问："什么不对？你不是说这是你的口袋吗？"那个年轻人愤愤地说："口袋是我的不假，但里面装的钱不对，我原先装有四十个贝币和六十多个骨币，怎么现在只剩下这么一点了？"

掌柜阿爷听后大吃一惊，忙解释道："这位客官，我捡到时就是这样的，现在已原封不动地还给你了。"年轻人根本不听，一把揪住掌柜阿爷的衣领，大声地吼道："你别耍赖，准是你把我的钱藏了起来，还不赶快交出来？不然的话，我就告到官府，查封你这家黑心店。"

掌柜阿爷一听，气得七窍生烟，心想：我自从接过祖爷之店经营以来，还没遇见过这种事，只怪自己当时没有找证人。不过，他转念又想，身正不怕影子斜，我又没有私藏他的银钱，怕什么？

那年轻人见掌柜阿爷不肯拿钱给他，愈发凶狠地又吵又嚷，引得店里店外的人都围上来观看。

这时，看客中有一个十一二岁的少年，说话声音响如洪钟，说起话来一套一套的，像是一位饱学之士。他人虽年少，但大家都很尊敬他，称他为大禹。掌柜阿爷见了大禹，如同抓到了救命稻草一般急忙喊道："大禹，您一向明事理，辨是非，客观公正。今天这事，您就帮我公断一下好吗？再说，我在此开店多年，我的为人您也清楚，他说我偷藏了他的钱，您信吗？您就来评评理，好不好？"

大禹看了掌柜阿爷一眼，没有正面回答，而是从年轻人手中拿过钱袋，重新放在桌子下的横架上，钱袋两头便搭在了横架上，且放得稳稳当当。大禹很认真地问年轻人："刚才你的钱袋是这样放着的吗？"年轻人不明白大禹的意图，老老实实地回答："对，就是这样的。"

大禹听了就转过身对掌柜阿爷道："掌柜阿爷，你开店做生意就要讲究信用，生意才会好嘛！客人若有东西遗忘在你店中，你本该原封不动地退还给人家，怎么能私留一部分呢？还不快去把藏下的银钱拿来还给他！"

掌柜阿爷一听大禹不问青红皂白，竟帮着那年轻人说话，越发来气，急得面红耳赤，连声说道："天哪，这真是冤枉好人，我好心好意帮他收好钱袋，他却反咬一口，说我偷藏了他的钱币，真是好心没好报。"掌柜阿爷指着大禹气愤地说："大禹，你不管三七二十一，也来帮着他说话，我算是看错你了。"而大禹却不为掌柜阿爷的话所动，只是说："别啰唆了，还不把钱拿来还给人家，待会儿告到官府，你还做不做生意了？"掌柜阿爷见大禹这么说，又看那个癞皮狗似的年轻人一副要拉他见官的样子，转念一想：也罢，若真把我拉到官府，官府秉公执法还好说，万一遇到一个昏庸之官，我浑身是嘴都说不清楚，到时我连生意也别想再做了。今天算我倒霉，只好蚀财免灾啦！想到这里，他进后堂拿出四十个贝币和六十多个骨币，共一百多个钱币丢在桌上，气呼呼地说："拿去吧，花了这些昧心钱，当心手上长疮。"

那年轻人急忙将钱装入袋子中，对大禹连声谢都没说，就急着抬腿走人。大禹见年轻人要走，忙一把抓住他的衣服说："客官，且慢，既然已经物归原主了，你这么着急走干什么？你且把钱袋放在桌下的横架上，当着众人的面再验证一下是否能像刚才一样放稳，好吗？"

那年轻人听闻，脸色大变，但他一看周围的人里三层外三层地围着，想走是不可能的了，于是只好将钱袋放在桌下的横架上。然而，那四十个贝币和六十多个骨币装进钱袋子后，已将整个钱袋撑得鼓鼓囊囊的了，在横架上怎么也放不稳，窘得那个癞皮狗似的年轻人头上直冒冷汗。

这时，大禹朗声对众人说道："各位请看，如果这袋子真是他的，又装了这么多钱，怎么可能像刚才一样，钱袋两端都搭在横架上呢？所以，这位年轻客官丢失的装有四十个贝币和六十多个骨币的钱袋，掌柜阿爷并没有捡到。掌柜阿爷捡到的是别人丢失的袋子，里面只有两个贝币和十几个骨币。我看这钱袋还是应该叫掌柜阿爷保存好，以便让真正的失主来领取。大家说该不该这样啊？"

众人齐声叫好，店内响起了雷鸣般的掌声。那个癞皮狗似的年轻人羞得满面通红，拼命挤出人群，狼狈地逃走了。大禹巧断钱币丢失案一事，一传十、十传百地在广柔县传开了。至今，大邑坪一带的老人还在讲述着这个流传了几千年的故事。

二、绿玉

玉石沟是广柔县（今汶川县）映秀湾与兴文坪之间的一条山谷，因昔日盛产玉石，故名玉石沟。关于这玉石沟，还有一个传说：

那是很多年前的事了，说是映秀湾有两个年轻人带上干粮，结伴到沟里寻找美玉。到了沟里，见河谷两岸到处都是别人挖过的大坑小洞，他俩就选了个别人开挖过的土坑继续刨挖，寻找玉石。他俩一个刨土，一个负责往外倒土渣，干得可欢了。他俩一个姓吴，名德；一个姓苟，名山。吴德比苟山大两岁，二人就以哥弟相称，感情很是要好。

这天，他俩早早地吃过早饭，带上工具又钻到坑里刨挖起来。吴德在上边拉竹筐倒沙土，刚一转身，苟山一刨锄下去，就听"啪嗒"一声，刨锄碰在了硬东西上，他捡起来就在刨锄把上磕打泥沙。这时，吴德倒完土渣后回到坑边问："你磕打啥呢？"

苟山说："一个方形石头似的东西！"

吴德说："快拿上来我看看！"

苟山从土坑里爬上来，拿在手里一看，是半块方形石样的东西，拿到小河里冲洗后，绿莹莹的直晃眼睛。二人惊喜地说："哎呀！是块绿玉呢！"

吴德接过去看了看，说："那半块呢？这断口可是新鲜的。"苟山说："没有哇！"

吴德说："那这半块是我的！"

苟山说："是我刨挖出来的，怎么是你的？要分，这半块绿玉，也应该我们两人平分才对！"

苟山没有把绿玉石给吴德，两个人就赌气地朝着刨到绿玉石的大坑走去，苟山在前，吴德在后。走着走着，吴德就来了气，顿起杀人夺玉的歹念，他在后边猛地上去给了苟山脑袋一锄头，当时就把苟山打得脑浆四溢，鲜血飞溅，苟山就这样死去了。吴德想跑，但想想这样不行啊，不能让苟山暴尸荒野，他见沟里到处是刨挖过的大坑，心想：干脆把苟山扔到坑里埋掉算了，回到村里就说苟山被砸死在坑里了。吴德把苟山的尸体扔到坑里埋好，拿着半块绿玉石就回去了。

吴德回到村里，对苟山的家人说："苟山下坑刨挖土坑时，被垮塌的土石掩埋砸死了。"

苟山的家人听了，心想：开挖寻找玉石的坑大多都是沙土坑，即使坑里有石头但也不大，能砸死人吗？于是，他家就去了几个人把苟山的尸体挖出来，一看后脑勺上有钝器打的洞儿，知道苟山是遭他人谋害，便立即把此事上报汶山郡府下辖的广柔县府，并直接把吴德送到了广柔县衙。

审案那天，汶山郡知府特邀大禹审案，他在大堂之上对大禹说："大禹哦，你虽年少，但你聪明过人，断过不少案子，老百姓都拥护你，信任你。今天这个案子就由你来替本府断案吧！"大禹听了，也没客气。他在大堂副审位置上坐下后，把那惊堂木轻轻一拍，然后向两旁狱卒使了一个眼色。狱卒们一边用杀威棒敲打着地面，一边高喊"威——武——"。吼毕，大禹高声问道："堂下何人？何事至此，从实招来。"还没等大禹命狱卒重刑侍候，杖责案犯吴德五十杀威棒，吴德就已吓得瘫在堂前地上，磕头如捣蒜，立刻将事情的经过一五一十地向堂上的大人们招供了，最后还加了一句，说："那半块绿玉石准在他（指苟山）手里，或者是他藏起来了。因这半块玉的断口是新鲜的。"

大禹命吴德把绿玉石传上堂来看看，果然是新断口，案子一时难下结论。大禹与汶山郡知府商量了一下，就命狱卒把犯人吴德押回大牢看管起来。

那么，那半块绿玉石在哪里呢？

无巧不成书。再说，在与玉石沟相邻的银杏乡境内，也有两个人到玉石沟寻挖玉石，他们本是两乡乡民，素不相识，为了寻找玉石，搭伙来到了玉石沟。他们一个名叫陈实，一个名叫任义。这两人你照顾我，我照顾你，非常友好。

一天，他们来到一个开挖得很新鲜的大坑里寻挖玉石。陈实在坑里刨挖沙土，一锄头下去，只听"当啷"一声，他拿上一看，是绿莹莹的半块绿玉石。可这断口还是新鲜的，那半块哪去了呢？于是他又继续刨挖，还是没有找到另外半块。任义在上边问:"陈实哥,你刨到啥啦?"

陈实说:"托你的福,刨到半块绿玉石了!"说着就递了上来。任义拿在手里一看,真是半块绿玉石,乐坏了,就说:"陈实哥,你上来吧!"

陈实说:"这一半是你的。我再找找那半块。"可是,一直到快吃晌午饭了,也没找到那半块绿玉石。

他们在回草棚的路上,一边走一边唠嗑。陈实说:"那一半绿玉石是我刨丢的。这一半该是你的!"

"不,给你!"

"给你!"

二人边走边让,偏巧迎面来了一位商人模样的人,听了他们的话一愣,于是说:"二位能否把那半块绿玉石给我看看,我自能公断?"

陈实和任义一听,看看就看看,就把那半块方形绿玉石递了过去。只见那人从兜里又掏出半块方形绿玉石,两个一对,正好是一个完好的长方形绿玉石。二人大吃一惊,问:"请问你是谁?在哪里得到的这半块绿玉石?"

那人哈哈一笑,接着说明了来意。原来,这人是广柔县人氏大禹。自从那天出了因半块绿玉石图财害命案之后,他一时结不了案,便到玉石沟几处刨挖玉石的人群里打探情况,不想在路上碰上陈实和任义互相推让这半块绿玉石的事,真是"踏破铁鞋无觅处,得来全不费工夫"。大禹说出了实情,并把陈实和任义一同请进了汶山郡府大堂。

再说汶山郡知府与大禹经过一阵分析后,案情已经明了,一边是见财起意,一边是重情重义。而奇怪的是,半块绿玉石竟由相隔不远的不同地域的人在同一个坑里挖出来,这乃是天意呀!分明是在考验天下之人重财与重情之心。当下,击鼓升堂,把人犯吴德押到大堂前跪下,同时把陈实和任义呼至大堂上,站立观案。

汶山郡知府与大禹交换意见后,最后由大禹陈述案情并宣判。大禹手指两块绿玉石说:"吴德图财害命,谋杀同伴,处以大刑,改日行刑;陈实、任义情重如山,这两个半块绿玉石,你们二人一人一半。下去吧!"众乡民认为大禹的绿玉石案断得分明、判得公正,都拍手称快。

从此，两个半块绿玉石的故事，在广柔县的映秀、银杏一带传开了，后来在玉石沟里刨挖玉石的人还编了一段顺口溜：

一块玉石两下分，
重财重义看得清；
要学陈任讲仁义，
莫学吴德害人心。

作者：陈阳天

大禹治病故事

一、治瘟疫

古时候在石纽山刳儿坪上的石纽村，有一位名叫大禹的少年，当时他才八九岁，由于父亲鲧出外治理洪水去了，他只得与母亲相依为命。为了生存，他终日上山砍柴，挑到下山的绵虒镇里去卖，靠着卖柴的微薄碎银换回米面，供养老娘。若一日打不到柴，换不到银子，买不回粮食，自己倒还可在山上采些野果充饥，可他老娘就要饿肚子。大禹是个孝子，为了不让老娘挨饿，他砍柴特别舍得出力流汗。

一天，大禹挑着柴路经一个山坳的时候，看到山坳里的草地上躺着一头小黄牛。他在这条山道上来来去去多少回了，知道这石纽山里山民们是不能在此放牧牲畜的，那里怎么会有小黄牛呢？大禹也没有多想，挑着柴下山卖去了。第二天，大禹上山打柴路过时，见小黄牛仍然躺在那里，因他要忙着上山砍柴，也没有去管它，径直上山砍柴去了。到了下午，他挑着柴担再次路经此地，见小黄牛还躺在那儿，他就有些担心了。他放下肩上挑着的柴担，走到小黄牛身旁，细细一瞧，原来小黄牛的脚不知什么时候被毒蛇咬伤了，前面两腿肿得像黑木柱一样，头部、颈部和背部滚烫，发着烧呢！小黄牛的眼睛微微地闭着，已奄奄一息。

大禹想：若再不救治，小黄牛就再也没有生还的可能了。于是，他就用他那把锋利斧子的角尖，在小黄牛肿得乌黑发亮的腿上划破一道口子，再用双手使劲挤压，将小黄牛腿上肿得发亮的污血一一挤出，又赶到山上找到一种专治蛇伤的草药，在大石上捣烂后敷在小黄牛的伤口上，又到草地上割了一捆嫩青草放在小黄牛的嘴边。做完这一切，大禹才挑着柴担下山。

第三天，大禹早早地来到小黄牛的身边，见小黄牛的腿肿消了很多，小黄牛也睁开了眼睛。小黄牛见大禹到来，一边吃着大禹为它割的嫩青草，一边流着感激的泪水。大禹见此，又去采了些草药捣烂，把昨日敷过的草药换掉，撒上从家里带去的消炎药粉，再把新捣的草药敷在小黄牛的伤口上，并撕下自己的衣襟为小黄牛包好伤口，之后才拿起砍柴的家什离开小黄牛上山砍柴。

时间一晃三五日过去了。一天，大禹挑着柴担跟往常一样，急急忙忙地想去看小黄牛，刚过山坳，就看到小黄牛甩着尾巴自由自在地在沟边寻觅一种植物吃！大石上放着的嫩青草，小黄牛基本上没有吃。但大禹还是挺高兴，乐颠颠地朝小黄牛跑去，放下柴担就去抱住小黄牛的脖子，久久地没有说出话来。大禹又伸手摸了摸小黄牛的身躯，一点也不烫，不发烧了。小黄牛见恩人到来，甩着尾巴一个劲地用脖子在大禹的身上摩来擦去，甚是亲近。

时间久了，小黄牛与大禹似乎也有了感情。从此，大禹到哪里砍柴，小黄牛就跟到哪里。只要大禹上山，小黄牛就形影不离，若是一天见不到大禹，它就像个孩子似的，在山坳里寻来找去，大声地叫来叫去，直到看见大禹的身影，它才温驯地在山坳里的大石上安静下来。说是小黄牛，但它的体形却高大威猛，其他动物都不敢靠近它，更不敢惹它。

人生起起落落，风雨来来往往。有一年，岷江上游一连几个月都是阴雨天气，汶山郡方圆百里不少人开始莫名其妙地发烧、咳嗽。大夫们开的汤药吃了也无济于事，病人们服用后病情反而更加严重，还有些人甚至咯血而亡。山外面的西川平原一带风传岷江上游地区染了瘟疫，广柔县境的山民也纷纷四散逃离。大禹的父亲鲧在外治水，老娘却不幸染了瘟疫。大禹还好一点，只是发低烧，可他老娘则咳嗽得没了人形。大禹都快要急疯了，整天跪在床前守候着老娘，在他急得实在没有办法的时候，突然想起小黄牛发烧时他曾在沟边寻觅一种植物，吃后就退烧了。

于是，大禹跪别老娘，跑到小黄牛吃过的那种植物的沟边，一边采挖植物的根须，一边生吃起来，吃得满嘴都是泥，吃得肚子胀得滚圆，他边吃边挖，不知不觉就睡着了。待他一觉醒来，睁开眼睛，伸个懒腰，一骨碌地从地上爬起来后，感觉周身通泰，一身轻松，烧也退了，不仅不咳嗽，咽喉也不痛了，不禁喜极而泣。

大禹挖了很多这种植物拿回家，熬了一锅水。他撬开他那奄奄一息的老娘的嘴巴灌下药汤，老娘当晚就不咳了。不出三日，他老娘的病就慢慢地痊愈了。这时，他跑到村里，把这个情况告诉乡亲们，并带领乡亲们上山采挖这种植物熬水喝治病。结果，乡亲们服用这种汤药后，病也好了。

消息传开后人们争相到天赦山区采挖这种植物，回家熬水服用后，人们的高烧果然退了，也不咳了，咳痨病很快痊愈了。

自那以后，大家都非常尊敬大禹。从此，一向以打柴谋生的大禹，在小黄牛的指点下，前往西王国求学，学医治病。通过努力，大禹研究医书才知道，那是一场罕见的肺型鼠疫，那种能治病救人的草药叫板蓝根，有清热解毒、凉血、杀菌的作用。

这些久远的大禹治病的故事，至今仍在汶川县石纽山、天赦山一些老辈人的口头流传。

二、治咳嗽

石纽山下有一个村庄，名叫禹村。村子不大，仅几十户人家散落在山脚下和半山腰上。看看各家的院落，就知道这里的人家不是很富裕，且村里多为老弱妇女和小孩，成年男人都跟大禹的父亲到岷江上游治水去了。

大禹当时才十一二岁，常常听到从岷江上游跟随其父治水回来的病人讲，工地上很多乡亲都病倒了，咳嗽不止。为了帮助父亲的治水大业，为了解除乡亲们的病痛，大禹根据自己从西王国那里学到的医病知识，知道止咳草同贝母煎服，能清热、解毒、消肿、润肺、止咳，他就一个人到天赦山中的贝母雪山一带挖止咳草或贝母回家，交给乡亲带到工地熬水给病人服用。

村子北面有一座雪山，雪山后面就是耿达、卧龙一带连绵的群山和茂密的森林。因为贝母雪山一带药材很多，大禹每次采药都要翻几座大山，到大山深处去采药。

一天，大禹一大早就背上竹药篓，带着短把尖锹进山了。他一个人进山，不想走得太远。因为这天赦山草药种类虽多，但野兽也不少，而且还有各种毒蛇。就算是猎人或挖药人进山，都得十分小心谨慎，怕遭遇不测。

那天的天气还不错，天赦山里天蓝地艳，白云绕山。山青青水碧碧，天蓝蓝风柔柔。奇花异草，香气扑鼻，自然风光着实美丽迷人。山道被野草盖得严严的，杂乱的野花盛开得十分艳丽，在山风中摇曳着叫人不忍心去采摘；画眉鸟在山谷中飞来飞去；布谷鸟"布谷！布谷"地叫着，似在耳边又不在耳边；河水"哗哗"地流淌，似在眼前又不在脚下；两岸山谷虽绿，细看却有深绿、浅绿、浓绿、嫩绿之分，微风过处，绿波涌动，大山似乎也扭起了秧歌。那一道道褐色的绝壁便是原始森林的胭脂。偶有山崖上垂下的青藤牵人衣衫；野蒿嫩枝摇曳，真是要多美有多美，要多缠绵有多缠绵。

大禹无暇顾及这美丽的山光水色，专心谨慎地前行。突然，他听到不远处有"呜哇，呜哇"的叫声，一声比一声凄厉。大禹急忙循声望去，透过茂密的枝叶，只见一只狐狸不停地哀号，它身边还有两只小狐狸，也在嗷嗷地叫个不停。大禹仔细一看，只见那只大狐狸被一个拴在树根上的铁夹子（猎人安装的捕兽机关）夹住了后腿，无法挣脱。大禹走了过去，那只大狐狸停住了叫声，两只小狐狸都躲到了大狐狸的身后，警惕地注视着大禹。大禹不慌不忙地走到狐狸跟前，用挖药的小锄挡住狐狸的头部，一只脚踩住铁夹子，费了好大劲才把铁夹子掰开，解救了那只大狐狸。

那只大狐狸惊恐地看了大禹一眼，拖着一条受伤的腿跑进了草丛，两只小狐狸也紧跟着消失在草丛中。看着安放在树根上的那个铁夹子，大禹用挖药锄砸断绳索，把铁夹子扔到了山沟里，那应是老猎人安放的铁夹子，大禹小时候也受过此伤害。

从此以后，大禹进山采药时，经常看到三只狐狸在他身边跑来跑去，就像是他的护卫。这三只狐狸遇上大禹，有时还会欢呼跳跃地叫上几声，像是在跟他打招呼。

光阴似箭，转眼又是一年。石纽山、天赦山、涂禹山一带由于风调雨顺，山间田野的庄稼长势都很好。那些跟随大禹父亲治水的民工回到村里休息几天后，又忙着到岷江上游治水去了。大禹帮母亲收完自家地里的庄稼，也忙着进山挖药了。

进山那天，大禹急急忙忙地吃过早饭，带上干粮和饮用水，背着那个大大的药篓就走了。由于村里及附近寨子的成年男人都跟随他父亲治水去了，进山采药的人就少了，山上的药材也比以前多了不少。以前一天只能采挖半篓草药，现在一天能采满满一篓，有时半天就能采一篓草药回家。

那天晌午，大禹背上已快采满的草药，突然感到肚子有点饿，就把竹篓放在一块石头上，拿出他母亲做的火烧馍馍准备充饥。刚刚咬了一口，他看见山崖边上有几丛长势茂盛的止咳草，再仔细看时，止咳草的旁边有一条毒蛇正向他这边移动，怒视着向他吐着红红的信子，不知是毒蛇在此守着止咳草不让人采挖，还是火烧馍馍的香气将毒蛇引了过来。大禹赶紧闭上嘴，也不敢咀嚼了，他一动不动，生怕激怒了那条毒蛇，丢了自己的性命。

那条毒蛇也许几天都没进食了，想急速地扑向大禹。在这千钧一发的时刻，树丛里突然跑出两只狐狸。一只狐狸上前咬住了毒蛇的尾巴，那条毒蛇猛回头咬了狐狸一口。另一只狐狸蹿上去一口咬住了毒蛇的脖子，只一会儿工夫，那条毒蛇就不动了。紧接着，那只咬住毒蛇尾巴的狐狸嗷嗷地叫了几声后也倒在了地上。没过多久，那只咬住毒蛇脖子的狐狸也慢慢倒了下去，因它在咬毒蛇脖子的同时自己也被毒蛇咬了。

看到眼前的这一幕，大禹吓呆了，过了老半天才反应过来。他赶紧摸起身边那把尖锄，用尖锄扒拉了一下毒蛇，只见那条毒蛇已断为三截，尾巴和脖子都被狐狸咬断了。两只狐狸也死了，眼角都有血迹。大禹挖了一个坑，含泪把两只狐狸埋在一起，然后将那几丛止咳草挖出来，抖掉根部的泥土，装进竹药篓里后默默地背着下山了。一路上，大禹都在想：在这前山后山，已经多年没发现过毒蛇了，这条毒蛇是哪来的？大禹百思不得其解。说句心里话，要不是两只狐狸舍命相救，死在这山里的就是他了。一想到这里，大禹脊梁骨里就直冒冷汗。再想想两只可怜的狐狸，大禹心里一阵阵地难受。

回到家里，大禹把自己的遭遇讲给母亲和村里人听。母亲和村里人都为大禹感到后怕，都说狐狸知恩图报，是那两只狐狸舍命救了大禹的命。

后来，大禹将采回来的止咳草背到他父亲的治水工地上，他去的时候，那些病倒在草棚里的乡亲，咳嗽声此起彼伏，别说治水劳动了，就是坐起来说话都困难。大禹把采挖来的止咳草用清水洗去泥沙，然后配以贝母，将其煎熬成水药，分送给咳嗽病人口服。说来也神奇，凡是服了止咳草药的病人，一两天后就不咳不喘了。那些咳嗽不止的民工，三四天病就好了，又都投入治水劳动中了。

三、治疟疾

4000多年前，尧王还在世的时候，中国大地上洪水泛滥，到处是汪洋大海，无边无际，淹没了庄稼，淹没了农田，淹没了苍生的茅屋，淹没了山陵，淹没的西蜀群山只有少数几座山峰露出水面，很多人只得背井离乡，流离失所，水患给天下苍生带来了无边的灾难。在这种情况下，尧决心消除水患，于是开始访求能治理洪水的能人。

一天，他把手下的大臣叫到身边，对他们说："各位大臣，如今水患当头，黎民百姓受尽了苦难，必须把这大水治住，你们看谁能来担此大任呢？"

群臣和各部落的首领都推举崇伯鲧。尧素来觉得鲧这个人不可信，但眼下又没有更合适的人选，于是就暂且将治水的任务交给了鲧。

尧命鲧负责领导与组织治水工作。鲧决定采取"水来土挡""以堵阻流"的治水策略。从哪儿开始治水呢，他也不同他的助手商量，就带领治水大军往西蜀岷山里跑，跑到西沟（后来称岷江）上游的镇江关至叠溪镇一带，在岷江上每隔一段距离就筑高坝将岷江水堵起来，在岷江上形成多级多个高坝湖（堰塞湖），冬天水枯期还好，到了夏天丰水期，高坝湖堤溃决，洪水依然泛滥，成都平原又成了西海。

当时只有十一二岁的大禹，在前往西王国途中，常听到民夫们对其父亲的评价。有说好的，也有说他父亲不是之处的。有人说，崇伯鲧治水随高就低，壅阻百川，实践证明失败了，脑袋将被砍下抛入洪涛之中。也有对崇伯鲧治理洪水方法持怀疑看法的，认为这种治法不是长久良策。禹听到来自各方面的评价议论，他的心都凉了，常常坐卧不安，暗暗流泪为父担心，在心里为父亲、为天下苍生捏一把汗。他多想能在去西王国求学的途中见上父亲一面，向他提一点治水建议。

说来也巧，大禹在雁门关见到了久别的父亲。崇伯鲧看着眼前十一二岁的儿子，伸出双手捧着儿子的脸，仔细打量着，然后解开儿子的衣衫，清楚地看到儿子胸前的七星北斗痣。崇伯鲧泪流满面，紧紧地抱住儿子不松手。

父子情长，问这问那。当崇伯鲧问儿子为何来此时，大禹直言不讳地说，来向父亲提些治水建议。大禹正说着他的想法时，崇伯鲧早已没有了耐心。今见儿子在工地上煽动民夫反他治水之道，那还了得。崇伯鲧愤愤地骂了一声："混账东西，不想要命了！"大禹跪下，向父亲磕了个头，沉重地说："父为天下治水，儿希望大功告成，为父大业成功，我何怕杀头！"崇伯鲧见儿子吃了秤砣铁了心，一心想劝他改变治水之道，于是大吼一声："把这小子推出去捆绑在柳树上，若他再胡说八道，立即斩了！"竖亥和大章忙劝崇伯鲧，要求手下留情，并说公子谈及治水，非有坏心，是一番好意，希望能让公子把话说完。大禹诚挚地说道："茫茫大地高高低低，洪水起，地则不变。山不动，川不移，水难过。水积成灾如一碗水，如何倾倒水，这就是治水之道。爹爹治水壅阻了百川在一个'堵'字，儿见不如一个'疏'字，壅阻而积于堤坝，犹如聚群虎，一旦积聚而决，水泻千里，后患无穷。若立足一个'疏'字，凿山就低为洪水开道，那将是逐虎于千里之外。这样倒合天意而顺天道，无往而不胜！"崇伯鲧已无法再听下去了，大吼儿子无礼，说他是一派胡言，乳臭未干，哪懂什么治水之道，哪晓什么天地奥秘。不过，他承认自己无能，但治水大半生，难道自己还不如一个小孩吗？崇伯鲧怒目吼道："若不看在父子面上饶你一死，定斩不饶！"大禹无奈，只好大叫一声爹爹，双泪泉涌不语。

崇伯鲧不容许任何人反对他的治水方案，儿子竟敢当着大众反对他，他气愤无比。但说真话，他心里也十分空虚，治水九年成效甚微，而且实践不断证明他的治水之道可能有失败的结局，但为了维护自己的威严，他还是严训了大禹一番。

崇伯鲧望着洪水不平，心事重重，最后他认为是天地与自己作祟，不断地将暴雨和山洪聚起。洪水这恶魔肆无忌惮地横冲直撞，真叫鲧忧心忡忡、坐卧不安，他不食不息地奔走在风雨洪水中，浑身泥浆。崇伯鲧带着他的助手准备离开雁门而去。人们将大禹从柳树上放了下来，大禹跪地拜谢了大章和竖亥及民众，面向父亲说："谢谢爹爹的宽宏大量。儿子不孝。爹爹治水，不孝儿禹期望爹爹大业告成。儿活着是崇伯子，死是崇伯鬼，爹为天下治水，不论成功与否，禹儿都会继承爹的治水大业。现在禹儿将继续前往西王国求学，望爹爹应允。"崇伯鲧觉得父子俩刚见面又分别，心中十分不舍，但他也知禹儿心情，故未作强留，心想：这样也好，万一自己有不测，日后也有传宗接代的人。于是他点了点头，挥手让年幼的禹儿策马而去。

转眼到了是年秋天，岷江河谷时而干旱，时而暴雨成灾。在崇伯鲧的带领下，治水工地一片繁忙。然而，天气时冷时热，身上衣裤干了又湿，湿了又干，加之饮食生熟不当，夜间蚊蝇亦多，很多治水民工得了大病，周身时而发冷、时而发热、时而多汗、时而无汗，且反复发作，肝郁气滞、胸胁胀痛，全身无力，病倒在工地上，不仅不能参与治水劳动，而且自我料理都很困难。怎么办？那些生了病的民工想起大禹曾为治水民工医治过咳嗽，就希望能让大禹到治水工地上来，看能不能把他们的病治好。崇伯鲧看到治水工地上能出工的民工一天天减少，心急如焚，只得派人前往西王国叫禹儿回治水工地为民工治病。

大禹在西王国求学，得知此事后，日夜兼程往回赶。一路上，大禹看到生病的民工被病痛折磨得死去活来，心里非常难受。于是，他带领几位跟他年龄相近的男子，去天赦山区的崇山峻岭上寻找一种中草药——柴胡草（别名地熏、山菜、茹草、柴草）。

他们把柴胡草采挖回来后，除去残茎，抖去泥土，切断晒干，然后配以黄芩、半夏、炙甘草等，用大锅熬成柴胡汤，分送给生病民工口服。发作当天的早、晚各服一次，连用数次，病人症状减轻，三五天后，就痊愈了。

之后，大禹又将柴胡草，配以青蒿、生地、常山、草果等，疗效更佳。对那些恶寒较重，或泛吐痰涎者，大禹又在柴胡药汤里加附子、半夏等。

这些生病民工病好后，又投入了治水行列，修堤筑堰。但鲧的治水方法不当，治了九年，大地上的洪水还是没有消退。崇伯鲧不但没有办法，而且消极怠工，拿国家的艰巨任务当儿戏。后来舜开始操理朝政，他所碰到的首要问题也是治水，他革去了崇伯鲧的职务，将他流放到羽山，后来崇伯鲧就死在了那里。

再后来，大禹长大成人了。舜又征求大臣们的意见，看谁能治退洪水，大臣们都推荐禹，说：“禹虽然是崇伯鲧的儿子，但是比他的父亲德行、能力都强多了，这个人为人谦逊，待人有礼，做事认认真真，生活也非常简朴。”舜并不因他是鲧的儿子而轻视他，很快把治水的大任交给了他。大禹实在是一个贤良的人，他并不因舜处罚了他的父亲就怀恨在心，而是欣然接受了这一任务。他暗暗下定决心：“我的父亲因为没有治好水，而给人民带来了苦难，我一定要努力再努力。”

后来，大禹治水，带领着伯益、后稷和一批助手，跋山涉水，风餐露宿，走遍了当时华夏大地的山山水水、穷乡僻壤。

大禹左手拿着准绳，右手拿着规矩，走到哪里就测量到哪里。他吸取父亲治水失败的教训，发明了一种疏导治水的新方法，其要点就是疏通水道，让水能够顺利地流入大海。大禹每发现一个地方需要治理，就到各个部落去发动群众来施工，每当水利工程开始的时候，他都和人民在一起劳动，吃在工地，睡在工地，挖山掘石，披星戴月地干。

大禹治水一共花了十三年时间，正是在他的手下，咆哮的河水失去了往日的凶恶，驯驯服服地、平缓地向东流去，昔日被水淹没的山陵露出了峥嵘，农田变成了米粮仓，人民又能筑室而居，过上幸福富足的生活。

作者：陈阳天

大禹耕地

古时候，西蜀山区的百姓生产力低下，耕作方式落后，在当时用二牛抬杠的传统耕犁的方式还算比较先进的了。何为二牛抬杠，就是用两头牛共同拉一个犁头（铧）的耕地方式。

今天，在汶、理、茂一带的偏远山寨，都还能看到二牛抬杠拉犁耕地的场景。耕犁者手持长鞭，边犁地边唱耕地山歌，将歌声融入繁忙的劳作之中，不仅解乏，还透着浓浓的文化气息。

传说二牛抬杠的耕地方式还是大禹发明的。大禹小的时候，见百姓们在山坳里耕地，为赶进度催牛拉犁，不停地用牛鞭抽打牛身，有的牛被主人打得遍体鳞伤，牛因伤痛渐渐地越走越慢，有的甚至躺倒在地里无法动弹，耕地的工效可想而知。

大禹那时还是八九岁的小孩，他对大人们耕地使劲打牛的方法看得直摇头，并对大人们说："你们一点也不爱惜与体恤自己家的耕牛。你们只想一蹴而就，耕地方法不妥，哪怕你们把拉犁的牛打死，耕牛的步伐也快不到哪里去。因为它们是有痛神经的动物，它们也很有灵性，你对它们好，它们也会报答你。像你们这样为了进度与工效，不顾耕牛的死活，打得耕牛血肉模糊，耕牛们还能好好地出力耕地吗？靠暴力打牛，耕地的工效能好吗？"耕地的大人们听了大禹的话，有的问大禹有什么好办法？有的大人甚至对大禹嘲笑说："乳臭未干的小毛孩，能懂啥，滚到一边去，别在这里碍手碍脚。"大禹知道自己无法说动这些固执的人，也就自由自在地玩耍着回石纽村李伯的家了。

为了天下治水大业，大禹的父亲崇伯鲧谢绝了祝融为他另寻女人哺育禹的好意，硬是将当年才三岁的大禹交由石纽村东头的李由和王愚夫妇照养。

时光飞逝，日月如梭，转眼大禹就长大了。一天，大禹对李由说："李伯伯，在你们二老的抚育下，我已快成人了。我很想为咱们这个家做点事，出分力，做点我所能及的事情，以谢二老这么多年来对我的养育之恩。"

李由说："那你想做什么事？"

大禹说："后山那几块地的麦子收割很久了，我想去把地耕了种玉米。"

听了大禹的话，李由在心里想：虽说大禹才八九岁，但确实长得比一般的成年人都高大魁梧，身披兽裙，赤皮露肉，神采奕奕。今听大禹说他要上山耕地劳作，那就让他去试试吧。

征得李由的同意后，大禹左肩扛犁铧，右肩挂着一个簸箕，吆喝着一黑一黄两头耕牛上山了。到了地边，大禹将二牛抬杠的枷档架在两头牛的肩上。为提高工效，聪明的大禹便在犁头的上方拴一个簸箕。耕地时见黑牛或黄牛动作不快时，大禹就用手中的鞭子朝簸箕上"嘭嘭嘭"地打三下，却没打任何一头牛。大禹一边耕地，一边唱着《耕地歌》：

我的牛啊！
牛牛耕地你辛苦，
不耕地边边长草，
不耕地来不长粮……

石纽村的人们听说大禹在耕地，只打簸箕不打牛，耕地的工效很好，都跑到山上去看。村里一些上了年纪的老人说，他们活了大半辈子，没看到耕地主人不打牛的，就问大禹耕地为什么不打牛？大禹说："牛耕地本来就太辛苦，不忍心打它。我打簸箕时黄牛认为主人爱它才没有打它，主人一定打了黑牛，它便要使劲拉犁头，表示对主人的忠诚。同样，黑牛也认为主人打了黄牛，没打自己，是主人爱自己，也用使劲拉犁头的行动来表现对主人的忠诚。于是，两头牛不仅都没被打，而且都拼命往前拉犁头，似乎谁都不愿落后于谁。这样，它俩并驾齐驱奋勇向前地拉犁头，不仅工效高，土地耕耘得也好。"

　　从此，二牛抬杠的耕作方法便在岷江上游山区普及开了。时至今日，岷江上游的偏僻高山上，还能看到二牛抬杠的劳动场景。只是今天的人们嫌拴在犁头上方的簸箕麻烦，便省去了簸箕，耕地时仍然用鞭子直接打在牛身上，所以，很多耕牛旧伤未愈又添新痕，这在今天的农村仍很常见。

　　尽管有些牛在耕地时累得气喘吁吁，口吐白沫，主人也决不会怜惜与体恤，高高地举起鞭子使劲地抽打着牛身，已是快"牛"加鞭了，却仍在一边高喊着"驾驾驾"，一边把鞭子啪啪地抽打在牛的身上，全没有一点怜悯之心，让人看了真有些感慨："高高山上一头牛，口含干草泪长流。人问牛儿哭啥子？三岁儿子拉犁头。黄荆条子背上打，口口声声骂瘟牛。"这场景是何等凄凉，又是何等悲哀啊！

作者：陈晓华

涂山联姻

大禹在涂禹山下治水的时候，正是阳春三月，满山遍岭的山桃花、樱桃花、李花盛开，桃花红，李花白，岷江岸边柳枝飘飘、绿树浓荫，田间地头禾苗翠绿、野花飘香。大禹忙着踏勘水情，匆匆赶路，无心观赏山水田园的美丽春光。

突然，从一棵树下传来悠扬悦耳的羌笛声。大禹被美妙的羌笛声吸引住了，便停下了脚步。循着笛声望去，一棵繁花压枝的桃树下，站着一位美丽的羌族姑娘，她身穿洁白的麻布长衫，打着红裹脚，穿着一双尖尖绣花鞋。头帕下露出黑黝黝的长发，脸庞被山桃花映得红艳艳的，犹如水灵灵的甜樱桃。姑娘横吹着羌笛，大禹不知不觉走到姑娘的身旁，见地上放着一把锄头和一张图。大禹无暇欣赏姑娘的美貌，直接从地上拿起图来细瞧。他见图上曲曲弯弯，好似山脉水道，深感奇怪，便躬身上前问道："请问姑娘是谁，此乃何图？"

涂山女娇放下手中羌笛说："我叫涂山女娇，你就叫我女娇吧。至于此图，你就更应好好看看了。"大禹看啊瞧啊，终于看明白了。"啊，原来是岷江水系图。"大禹高兴地说。

"我在这里就是专门等你来拿图的！"女娇说。

"等我？"大禹很惊奇，便又问，"你怎么知道我要经过这里？"女娇说："我从小生在岷江边，看到这里的羌民深受洪水灾害之苦，立志要治理岷江，为民造福。可我和乡亲干了一年又一年，总是治理不好。昨天夜里，天神木比塔给我托梦，说你是治水好手，叫我来助你治理江河，还叫我在此等候你。"

大禹听了十分高兴，说："女娇有此大志，令禹佩服。"他们越谈越投机，相见恨晚。两个志同道合的人很快就结成了夫妻。可惜结婚仅三天，大禹就带领治河大军治理岷江，顺江而下，走上了治水利国之路。

作者：周云川

禹与女娇

仲夏时节,芳菲渐寂。站在姜维城遗址西边的禹王祠前,就像站在历史的一个凝缩点上;徜徉在禹王祠里,就像是踏在历史的长河岸边,逆着历史的来路向过去追溯。目睹故里汶川复建的禹王祠,仿佛治水的禹王还在天之涯。一个个带有传奇色彩的神话、一个个神秘而美丽的传说、一个个遥远而流芳的幽梦,便从这金碧辉煌的禹王祠里飞出,牵引着人们的思绪沿着山腰上曲曲折折的冉駹古道和山下波光粼粼的江水悠悠然然地回到远古洪荒……

传说4300多年前,大地上洪水泛滥。汤汤洪水方割,荡荡怀山襄陵,浩浩滔天,黎民百姓受尽其难。虽然以前也有人带领百姓修堤围堰治水,可始终收效甚微,大地上仍然洪水连年。玉皇大帝知道后,怜惜之心油然而生。他为了大地上的黎民百姓不再受洪涝灾害,便决定给自己身边的护驾侍卫天猿委以重任,派他到大地上去帮助百姓治理洪水,造福黎民。

一天,天猿随玉帝到南天门前观看大地上的洪水情况,只见大地上被洪水淹没得只剩下西边的几个山巅,便问玉帝:"那露出水面最多的山是什么山?""那山就是岷山,是岷江之源。"玉帝说完接着又道:"那个正在带领百姓围堰治水的人,名叫鲧。虽然他很努力也辛苦,可他治水的方法不对,收不到事半功倍的效果。你下去之后一定要改鲧围堰治水的办法为开山疏导治水。否则,治不了洪水,连自己的性命都会送掉。"

数天之后,天猿领命化作一颗流星,趁着夜色横过天际,然后变成一颗五彩神珠,在岷江上游的汶山郡上空游移,寻找鲧妻修己,他要变成鲧与修己的儿子,替父治理洪水,为天下百姓造福。

再说鲧与修己结婚多年一直不育，心里都为此暗暗着急。没想到在一天夜里，鲧妻修己梦接意感，吞下颗五色神珠，孕禹岁二月。

那天夜里，天黑黝黝的深不可测，一颗熠熠生辉的星星，由远而近飘来，渐渐地化成一颗红樱桃般大小的、色彩斑斓的神珠，优哉游哉地飘至修己面前。修己双手捧接，然后放于掌心左看右瞧。她时而将神珠放于怀里，时而放于口中，生怕到手的神珠飞走了。就这样翻来覆去玩来玩去直到深夜，她实在是疲乏至极，不知不觉便将口中的神珠吞进了腹中。

一年零两个月过去了。六月初三那天，汶山郡石纽山一带被一派苍苍茫茫的紫褐色气氛包围着，显得十分苍古与祥和，阳光下，近处的山石是紫色的，远处的山峦也是暗紫色的，整个石纽山刳儿坪都弥漫在紫红色的光影里。

孕岁二月的修己临产了，鲧带领百姓治水没有在家。修己又是难产，痛得她在地上滚来滚去。一次次痛昏过去，又一次次痛醒过来，就这样难产了三天三夜，直到六月六日午时，突然一声震天动地的巨响，震得飞沙关上砂石乱飞，刳儿坪上岩浆狂喷。

山摇地动之后，在岩穴（后称禹穴）处，鲧妻修己狂怒地将自己的身体撕开一个长长的口子，口子处红光闪闪，修己咬着牙忍着疼痛，从口子里拉出一个人首蛇身的儿子，起名为禹。就此禹诞生了。

传说禹落地时，那震天动地的哭声，惊得十里八乡的乡亲纷纷前往探视。乡亲们见禹大鼻大嘴，两只耳朵有三个耳孔，蛇身人面，都谓其龙也。汶山郡有了龙，洪水灾害就有人治理了。有的还说，龙喜欢水，有了龙就不会发生洪水灾害了，汶山郡会从此安康太平。人们就这样传来传去，对禹也十分喜爱。

大禹出世后，常随父母迁徙。鲧与修己将他带到哪儿，人们就纷纷将家搬到哪儿，大家愿意与禹住在一起。后来鲧与修己因治水需要将家搬到汶山郡城南山腰（今姜维城遗址）的古城坪上，人们又纷纷将家搬到古城坪居住。昔日的古城坪是个好地方，上到茂州、松潘，下到绵虒、都江堰，走旧时冉駹古道，似乎里程皆半，也是当时治理岷江上游水患的中心区域。

随着鲧与修己在这里住的时间一长，搬来这里居住的人们也越来越多，慢慢地便聚成了一个村庄，后来人们称此村为禹村。村里数百人家，耕者自耕，牧者自牧，童子骑牛高歌，声震山谷，虽无腔无调，也算是山村人家之乐。村里人勤劳朴实，粗茶淡饭，日子虽不算富足，但男耕女织，夫唱妇随，嘻嘻喁喁，陶陶然乐也！大禹的幼年与青少年时代就是在这里度过的。相传大禹年少时勤奋好学，刻苦上进，博学多才，深得村里人的喜爱。尤其擅长数术，这为他后来"决流江河，望山川之形，定高下之势""左准绳，右规矩……"等治理洪水的本领，打下了良好的基础。

禹村是后来大禹与涂山氏相恋的地方，威州亦是大禹治水实践首次取得成功的地方。今天，大禹故里的人民又将禹王祠复建于此，并非随意而建。当然，这仅仅是题外话而已。

斗转星移，似水流年暗换。转眼大禹长到十四五岁，玉皇大帝见大禹到了谈婚成家的年纪，也该让他有个帮手了。谁是最佳人选呢？玉帝想来想去，最后想到了天王木比塔的小女儿——珠珠，也就是后来的涂山氏，让她到人间去协助大禹治水是再好不过的了。

再说这涂山氏乖巧伶俐，生性活泼。她小时候常在南天门前玩耍，见大禹长得虽不英俊，但很孝顺父母，尊敬长辈，且有志气，博学多才，对治理洪水很有研究，从小便对他仰慕不已。加之她也学得一些治理河道的本领，若能同大禹成家立业，也是个好帮手。

一天，玉帝将涂山氏唤至跟前，对她旁敲侧击一番后让她下凡协助大禹治水，涂山氏表面上羞羞答答，心里却是喜滋滋的。这比起她在天庭里"夜夜听蛙鼓猿啸，年年看叶落花残"不知要强过多少倍。所以涂山氏高兴万分，欣然领旨而去。

一个阳光明媚的三月，汶山郡漫山遍野山花盛开，柳枝吐翠，涂山氏好不开心。一路上花香扑鼻，轻风送爽，夭桃吐蕊，柳丝初齐，满山青翠满山绿，呢喃燕语如莺啼。岷江岸边绿柳含烟，江面水平如镜，姹紫嫣红繁花似锦，杜宇声声不堪闻。涂山氏傍小道绕小径，天庭哪能赏得阳春丽景。尤其是禹村，炊烟袅袅婷婷，田间地头女浇男耕，恩恩爱爱呼儿唤女声频频。只道是天庭有绝丽奇葩，却不知人间更有恩爱人家。

急匆匆忙将路赶，忽然大禹一行人从山间走来，她快步闪进林中，没想到这山崖上杜鹃红遍，珙桐枝头，白鸽展翅倍鲜艳，凤蝶对对舞翩跹，软语呢喃双飞燕，这光景堪流连；她急忙忙将治水图具放于路边，然后横笛一吹，一群神猪立时挡住大禹的去路。待大禹走到近前一看，见一位穿着朴素大方的姑娘，手拿一支羌笛，一头黑油油的秀发如云堆积，亭亭玉立的身材，走起路来柳枝风摆，千娇百媚漂亮若仙。尤其是她那瓜子脸柳叶眉，樱桃小口红似玉，一双眼睛亮晶晶，面如银盘白嫩嫩，身材苗条而不失丰满之韵。大禹对她一见钟情，爱慕之心油然而生。

大禹上前施礼问道："姑娘何方人氏？从何方而来？为谁放牧？治水图具能看看吗？"涂山氏生性开朗、性格直爽，便实话实说："小女子名涂山氏，是玉皇大帝派来助您治水的。"大禹听后欣喜万分，手舞足蹈……后来他俩成了夫妻。涂山氏为助大禹治水成功，默默地奉献了自己的一生！

作者：陈一丁

禹娶女娇

石纽山对面北侧的涂禹山，是涂山侯王的部落。涂山女娇出身侯王世家，书香门第，受过很好的文化熏陶，也是一名姿色出众的才女。她衣着素雅，淡扫蛾眉，不曾浓妆艳抹，却给人一种清新淡雅之美。其身材和五官的各个部位都匀称得体，走路步履从容，犹如风吹弱柳，袅袅婷婷，让人情不自禁地为之叫绝。

春花秋月，似水流年。不知不觉，涂山女娇已长成十六岁的妙龄少女。加之她风华正茂，姿色也十分出色，又能歌善舞，姿态风雅，仪容秀美，生性贤淑，唇红似丹，齿白如玉，涂山侯夫妇将其视如掌上明珠。

大禹忙于治水，三十岁尚未成家，后来在涂山治水，见到女娇，二人互生爱慕之情，由于治水的工作任务紧迫，大禹又到别处巡视灾情，女娇思慕大禹，常常茶饭不思。

后来，女娇的使女把此事告诉大禹。大禹闻之，顿生成家之意。一天，大禹前去正欲进门询问，一只猎犬汪汪大叫向他冲来。女娇闻声，知有客人，立即出来吆狗。当女娇得知来人是自己心中崇拜的偶像大禹时，不觉脸上泛起了红晕，一边招呼大禹进屋去坐，一边跑去告诉父亲。涂山侯听说鲧之子大禹造访，并要涂山侯搬迁时，旧恨新仇一齐涌上心头，遂命其手下速将大禹拿下，又令人搬来一大堆柴火，要将大禹烧死，以解心头之恨。

涂山侯为何要烧死大禹？原来是大禹父亲治水时，广征天下民工，涂山部落的男丁全部被征调去治水，且无一生还，致使涂山部落人丁不兴，所剩多是女人、寡妇和老弱病残。涂山侯仇怨齐发，以谈判骗大禹入套，将其捆绑吊打，决定烧死大禹来祭涂山被鲧所伤害的男子英灵。加之涂山部落在这里居住了多年，要搬迁又谈何容易！

说时迟，那时快，一堆熊熊的烈火已经点燃，这不仅是柴火燃烧的烈火，更是涂山部落仇恨的烈火。女娇见状，"扑通"一声跪在父亲的面前，为大禹求情："父亲，你应以天下百姓为重，不要因一时之气，害死治水英雄而成千古罪人啊！再说，留下大禹，或可免我涂山部落断种灭族之灾。"此时的涂山侯哪里还能听得进规劝，愤怒地说："除非天降暴雨将这大火浇灭！"接着大喝一声，"武士们，给我将大禹抛上火堆！"女娇求父亲无望，转而向天祷告："天神啊，快降大雨吧，浇灭这仇恨的火焰吧！"说来也怪，刚才还是晴空万里，突然一声惊天动地的霹雳，接着就下起了倾盆大雨，瞬间将那熊熊大火浇灭了。女娇奔上前去，将大禹扶起，紧紧地拥在怀中。涂山侯此时如大梦初醒，自语道："难道大禹真有天神相助？"他看看女娇，看看大禹，沉思良久，转而对大禹说："既是天意，也就罢了。不过要我涂山部落搬迁，你得做我涂山部落的女婿。"顿时，涂山部落充满了欢乐，立即为二人的婚礼忙活开了。禹与涂山女娇成亲后的第四天就踏上了治水之路。

在外治水的大禹，十余载"三过家门而不入"成为佳话美谈。其间，大禹的部下大章也曾多次劝大禹回涂禹山省亲，但都被大禹婉言谢绝了。

一日，大禹在大章面前跪下，动情地说："老将啊，你随我先父南征北战，东平西治，对我先父忠心无二。我先父去了，你又佐我治水，禹对老将，三生难报。"

"大司空，你说这些，于大章何用？"

"老将啊，禹之心老将之心，禹之行老将之行，禹之急老将之急，禹之为老将之为啊！"大禹感慨地道。

大章起身，双手紧紧握住大禹的手说："大司空知大章心，老朽死而无怨了。"

大禹从马鞍上的包中，取出写好的一封信交给大章说："老将啊，禹不孝，我长年在外，又多年没有祭祀祖先了。如今我妻儿分离，终也不是办法。烦老将为夫人带函，望夫人替我打扫庙堂，祭祀祖先，弥补禹的不孝，谢祖先恩德吧！"

大章接过信函，沉思片刻说："大司空，此决甚好。但还是大司空亲往为好。此处邻近涂禹山，不去一趟，不近夫妻之情！"说着把信函递还给了大禹，催大禹速归家见妻儿一面。大禹知老将之意，接过信函翻身上马欲走。大章冲上去抓住马缰绳问往何去，大禹毫不含糊地回答道："禹不孝，待天下洪水平治后，再祭祖先吧！"大章一听，重又从大禹手中夺过信函，上马向涂禹山飞奔而去。

大章见了涂山侯言及大禹忙于治水之事，涂山侯十分冷淡地冲着大章说："一过家门不入，二过家门不入，这三过家门也不入吗？"大章做什么样的解释，涂山候都不听，坚持叫他调转马头，不许进寨。

大章只得回营禀告大禹。大禹紧锁龙眉，指责老将有违大司空之心，竟合了涂山侯之求，有误治水和征苗大事。大章言称冤枉，请大司空不要惹出麻烦，速去拜岳父，会夫人，看望启儿，还不至于误了赶路吧。大禹朗朗说道："老将啊，难道大禹不思念妻儿老小，不想回家团圆？灌兜、三苗狼狈为奸阻师南下，扬州、荆州待治，怎能贻误啊！"

大禹神情十分严肃，没有丝毫含糊之处，说罢，命大军起程南下。

大章急得无法，只好又带上书信奔涂山部落而去，向涂山侯言明一切。尽管涂山侯心中不快，但他也不是第一次原谅这位"超凡"女婿了，只好认命。大章交涉完事，也飞身上马，直追大军而去。

其实，在大章前往涂山之后，女娇背着儿子追上了大禹。夫妻见面时，女娇掩面抽泣，伤心地发问："大司空，你公务当紧，俺孤儿寡母……"

大禹抬起头来，端详着儿子，心情很激动，见女娇那样伤心，也很动情地说道："夫人，你受苦了。我身为大司空，公务天下，愿夫人原谅。"说着恋恋不舍地把儿子交还给夫人，低声说道，"夫人，我去了，我所嘱托之事，愿夫人往之。"

女娇抬头问道："何事？""信中所说之事呀！"大禹回答。因大章把信交给父亲手中，女娇尚未来得及看，只好深情地对大禹点了点头，关切地对大禹说："大司空，你南征北战，三过家门，还不入家团圆一天吗？"大禹笑道："夫人呀，后会有期。当天下水土治平之日，就是咱夫妻团圆之时吧，我去了。"说罢，与夫人告辞，大步走向他的坐骑，翻身上马，扬鞭催马而去，后面传来妻儿哇哇的哭声。

大禹得涂山女娇相助，如此一去十三年，三过家门而不入，治水丰功永垂不朽。大禹治水成功时，儿子已经十多岁了，女娇也成了一位中年妇人，为了支持丈夫的治水事业，顾全大局，女娇也可以说同样是牺牲了自己。

人们纪念大禹、歌颂大禹的时候，也不能忘了女娇的作用和贡献，让天下人敬仰这位平凡而伟大的女性，尤其是她无私与伟大的牺牲精神！今天我们纪念大禹，正是为了传承大禹文化，弘扬伟大的大禹精神。

作者：邹士洁　白　丁

夏禹王治水

很早以前，在我们汶川出了个有本事的人，名叫禹。他的妻子，名叫嘎，是天王菩萨的女儿。禹的爸爸，名叫鲧，在朝廷里做事。有一天，帝王叫鲧去治水。那时候，天底下还没有河，全是沟壑，川西坝一带是个大泥水塘子，鲧就在各处筑土墙防水，土墙外面是泥巴，中间垒些木头和石头，哪晓得山里的洪水来了，一下就把堤埂子冲垮了。今年冬天修起，明年夏天冲垮，连年修连年垮，修了十几年都没成功。帝王就把鲧杀了。在杀鲧的时候，帝王又晓得天王菩萨的女儿嘎许给了鲧的儿子禹。帝王要把鲧的一家人都杀光，一直杀到天王菩萨门口。天王菩萨说："你们把禹和嘎杀了，他家不就绝种了吗？禹这娃娃脑壳大，肩膀宽，耳朵搭齐肩膀，我看有点本事，把禹弄去治水可能有办法哩。如果治不好水，你们就连同我的女儿一起杀吧，连房子也烧了吧。"帝王说："好、好、好，菩萨说的算话，明天就叫禹去动工治水！"

禹和嘎结婚的第二天就出发了。禹的老丈母心头难过，心想：禹的父亲文武双全没治好水，被帝王杀了，禹这娃娃能治好水吗？治不好水，杀了禹，我的女儿咋办呢？老丈母想着想着就哭了。这时候，嘎还在踢鸡毛毽子，天王菩萨看到后，转过去就给嘎两个耳巴子，说："我们两口子只有这么个女婿，他去治水，能不能活着回来呢？你是他的妻子，给他做双鞋子，再送一送他吧！"女儿哭着去送禹出门。这时，禹已步行十多里路了，忽然，他背后跑来一个姑娘，禹看清是他的妻子。她说："我送你一样东西。"禹说："你送我啥东西？"嘎说："你手伸出来嘛，我送你几个字。"

禹把手伸出来。嘎说："不行，把衣袖拉开。"她取出一根织袜子用的竹签，在他手上画了八个字——"横直抽心，逢弯取直"，并说："这八个字你要天天读，背得滚瓜烂熟才行。你快走吧！"禹不晓得这两句话的意思，他天天读，天天背。那时候，还没有铜锤镑锤，都是些棍棍棒棒、石头块，大禹就靠这些工具去治水。嘎在家，不久就怀孕了，生了个儿子。禹在治水中忙得很，走过家门前，听到儿子哇哇哇的哭声，都没进去看一下。他一直在外头治了九年的水，加上开头筹治的四年，一共是十三年。所以，后人就说禹"在外治水十三年，三过家门而不入"呢！禹疏通了九条河后，才回家来。帝王到五里外去迎接他，说："你治了九条河，天下的洪水被你治服了，我这个帝王你来当，你为君我为臣。"禹就当了帝王，人们称为夏禹王。

作者：周辉枝

大禹治水

传说大禹生下来后，三天会说话，三个月会走路，五岁就长成一个高大魁梧的汉子。女娲娘娘天天带着大禹治水，用补天熬炼石浆的芦苇灰渣去填塞被洪水淹没的地方。可这处的洪水填堵了，又挤到别处冒了出来，总是填不完。

大禹觉得这不是办法，就向女娲娘娘建议利用山高、平原低的地理优势，把水引到东海去。女娲娘娘听了十分高兴，就从二郎神那里借来赶山鞭，又从太阳神那里借来金针，为大禹连夜做了一双云云鞋[①]，并要他走遍东西南北，查清水势流向，凿渠开河，治理洪水。

大禹兴致勃勃地上路了。可他哪里知道，一开始就遇到了麻烦。沿途的山精妖怪知道一旦大禹治好了洪水，他们就失去了惹是生非的场所，无法施展淫威，于是到处兴风作浪，百般阻挠。大禹就在飞沙关岭上修建了一座塔子，在塔座上刊刻祈神铭文，又在塔顶上悬挂塔铃。每当大禹遇到山精妖怪作祟，就撞击石塔，塔顶上悬挂的塔铃叮叮当当，响彻云霄，天神就会前来帮助他。天神听到塔铃鸣响，看到铭文金光射向九天，立即下凡助战，直到降服山精妖怪才收兵。尤其是与虓的战斗，更是令大禹深受教育。据说以前的岷江里有只"虎头上长角"的水怪，凶恶得很。大禹想：虎是深山之王。此兽身形如虎，但头上却多了两只角，还能在水上行走作怪！我非得制服此怪不可。大禹独自挥锸与怪兽厮杀，从水中杀到石纽山顶，又从山顶杀到岷江水中，你来我往，天地昏暗。毕竟大禹功不及怪兽，战锸被怪兽击落水

[①] 云云鞋：羌族小伙子穿的绣有云朵的鞋子。

中，自己也被怪兽撞伤，摔倒在岸边的一块石头上。怪兽也气喘吁吁地躲进水潭，累得上气不接下气。

大禹躺在石头上昏昏沉沉，嘴里念叨着"杀了你，我要杀了你"，可又觉得没有一点力气。"木比塔啊，赐我一点力量吧，让我制服这头上长角的怪兽！我的治水大军总不能都死在怪兽的魔掌之下啊！"大禹向天神求助道。

此时一位须白长发的老人，身穿羊皮褂，手拿一根神杖，蹲在他身边，一边在他的伤口上用止血草涂抹，一边说："大禹哎，此怪兽要用缠绵之术制服，不能鲁莽硬拼，要软中带钢才行！"

大禹醒来，身边没有了银须长发老人，只是石头上多了一根藤条。他问释比，梦中之事如何解释？释比说："这是天神木比塔帮助我们呢！大禹啊，一方水土养一方人。治水当然要制服水中怪兽，降住怪兽，但得多观察，找准对方的薄弱之处，掌握它的习性才行呀！天神木比塔要你用缠绵之术，就是要你以柔克刚，不能急功近利。对治水大业也得循序渐进，慢慢治理，切不可一蹴而就。"

大禹明白了自己的毛病，不再与怪兽敌对了，并叫治水大军将怪兽当成神来崇拜，祈祷许愿，和睦相处，让怪兽行善积德。怪兽在大禹的启示开导下，不再兴风作浪，还为大禹的族人施恩布雨，从此双方和睦共处，相安无事。因怪兽的特点和日常出没的习性，加之大禹用缠绵之术治服了怪兽，人们后来就称此地为"绵虒"。

此后，大禹一路上大显神威，开拓了治水的前进道路。大禹跋山涉水，登高望远，来到西蜀岷山源头治理水患，成为治理岷江洪水的第一人。大禹在绵虒一段治理洪水时，遇到了一位善良貌美的姑娘——涂山女娇。后来，他们结成了夫妻。

作者：羌　然　王小荣

别妻导江

大禹有了贤妻女娇的帮助,如虎添翼,治水的干劲更大了,速度也快了。女娇看到一条条江河治理好了,百姓安居乐业,自己从小的志愿得以实现,心中也十分高兴。她不分白天黑夜随大禹跋山涉水,测地形,查水源,导江河,在治理长江时竟累倒了。妻子生病卧床,大禹心中十分痛苦,天天上山采药,夜夜守护床前,精心照料。女娇心中很感动,但她仍念念不忘治水大业。有一天,她含着眼泪对大禹说:"治理江河,为民造福,这是我们共同的心愿,你不要为我而误了治水大事。"

大禹听了妻子发自肺腑之言,抛洒泪珠,说:"我走了,你怎么办?"

女娇忍着病痛,微笑着说:"你不用担心,我回家乡吃点草药就会好的。"为了使大禹一心一意扑在治水大业上,女娇从枕头下拿出一双亲手制作的云云鞋对大禹说:"你把这双鞋带上,它能帮你逢凶化吉。有它在,犹如我在你身边。能治好江河洪水,就是对我最大的安慰,你去吧!"

大禹忍着心中的悲痛,告别妻子女娇,手中提着赶山鞭,腰挂开山斧,肩背褡裢口袋,又踏上治理江河的道路,去治理渭河、黄河和长江去了。

在治理黄河的过程中,大禹含辛茹苦,日夜操劳,每天从东边走到西边,从太阳出来忙到太阳落山,顶风冒雨,带着治水大军开山掘岩,疏导江河。有好几次,他经过自己的家门,很想回去看看久别的妻子,但一想到妻子临别之言,再看到江河泛滥,沿途老百姓受灾,他便忍着心中的忧愁,三过家门而不入。他的行动感染了身边的人,在治水大军中影响深远,后来传遍天下,成为佳话美谈。

大禹公而忘我的精神感动着治水大军,人人努力,个个争先,经过十余年的艰苦奋战，终于把汹涌咆哮、四处横流的洪水引入了渤海。他来到海边，见海潮飞涨，渔船被打翻，还卷走了渔村，就将女娲娘娘赐给的金针插在海里，作为分洪挡浪的定海神针。为了长久，他还用二郎神借给他的赶山鞭，把昆仑山赶了几座到海边去阻挡潮水。

相传泰山就是大禹用赶山鞭赶到那儿的。

作者：羌　然　云　川

禹王治水故事

一、禹王治水

传说帝尧时，洪水成灾，天下百姓深陷愁苦之中。尧帝命禹的父亲鲧去治理洪水。鲧率众筑坝修堰，费了九年工夫，也没把大水制服，因而受到流放羽山（今山东蓬莱东南）的处罚。也有典籍记述鲧被诛杀于羽山。舜继帝位后，洪水仍然是天下大患，便命已成为夏部族首领的禹继续治理洪水。禹欣然领命，但没有贸然行事，而是首先认真总结父辈治水的教训，寻找治水失败的原因。然后，率领伯益、后稷等一批忠实助手，跋山涉水，顶风冒雨到洪灾严重地区进行勘察，了解各地山川地貌，摸清洪水流向和走势，制定统一的治水规划，在此基础上才展开大规模的治水工作。他鉴于父亲治水无功主要是没有根据水流规律因势利导，而只采用"堕高堰库"（《国语·周语下》）筑堤截堵的办法，一旦洪水冲垮堤坝便前功尽弃的教训，大胆改用疏导和堰塞相结合的新办法。按《国语·周语》所说，就是顺天地自然，高的培土，低的疏浚，成沟河，除壅塞，开山凿渠，疏通水道。历时十三年之久，终于把洪渊填平，河道疏通，使水由地中行，经湖泊河流汇入海洋，有效制服了洪水。

大禹治水成功，除采取了正确的方法，另一重要原因是他一心为公，吃苦耐劳，身先士卒，不畏艰险，有锲而不舍的精神。《韩非子·五蠹》记述大禹"手执耒锤，以民为先"，就是说他手拿治水工具，亲自参加劳动，给参加治水的人做出了好榜样。传说大禹为了完成治水重任，娶妻涂山女四天便离开家，在外十三年，没有回过一次家。大禹治水"三过家门而不入"已成为千古流传的佳话。由于他常年奔波在外，人消瘦了，皮肤晒黑了，手上长满了老茧，脚底布满了血泡，腿上的毛磨光了，连束发的簪子和帽子掉了也顾不上收拾。老百姓见了无不心痛流泪。至今嵩山一带还流传着许多大禹治水的动人故事。传说大禹治水时，要在介于太室山和少室山之间的轩辕山打出一条疏洪泄流的通道。他顾不得回家，便与妻子涂山氏约定，以击鼓为号，把饭送到山上。为了加快挖山的速度，他化为一头神力无比的大黑熊，连推带扒，很快就把山挖掉了大半。正干得起劲时，一块劈山崩裂的石头误触皮鼓，禹妻闻听鼓声，连忙烧火做饭。

当她拖着怀孕的笨重身子送饭到山上时，东张西望不见丈夫踪影，却见一头威猛的大黑熊在跳跃奔忙，吓得扭头就跑。大禹见此情景，顾不得变回原形就向妻子追去。妻子受到惊吓，顷刻间化作一块巨石。大禹大声呼唤着妻子和将要出生的孩子，只听一声巨响，巨石突然开裂，从中蹦出一个婴儿，这就是禹的儿子启。于是，后人便称这块裂开的巨石为"启母石"。西汉武帝游览到此，被这个传说感动，下令在这里修建启母庙。今启母庙已荡然无存，但东汉时在庙前修建的启母阙还依然保留着。从残存的碑文中依稀可见汉代对禹治水的记述和对启母涂山氏助夫治水的颂扬。尽管民间传说具有神化色彩，但由此也可见大禹为治水患而付出的艰辛。

二、禹凿龙门

相传大禹在治理黄河的时候，遇到了天大的困难，他从爱妻涂山氏那里得到的"三江九水图"中知道了西高东低的地理构造特征，发现绝大多数山川江河都是向东流，而黄河却向北流淌。这是为何呀？禹到实地查看（现今山西省河津市与陕西省韩城市之间的河段）才发现原来是因为北海龙王作怪，他跟大哥东海龙王敖广争夺水源，暗地里买通了二郎神，许下了许多金银珠宝和美女，让二郎神从西山担来轩辕山横亘于向东流淌的黄河之上，让河水拐弯向北流淌。恰巧北面山势高，流水受阻，造成水患，伤及百姓。

禹听了，心感蹊跷：我与二郎真君在灌口治水，同心同德，克勤克俭，任劳任怨，心往一处想，劲往一处使。今何这般呢？我得去问一问二郎真君，究竟为何？

二郎神见了大禹，自知理亏，不停地向禹赔不是。

禹见二郎真君认错诚恳，原谅了他，打消了向天神告状的念头，自己暗下决心，凿开阻碍黄河流向的轩辕山脉。决心已定，事不凑巧。此时，河工中许多人患了疾病，凿山的人力不足，进度极慢，大禹对此心急火燎。为了抢进度，他化成老熊夜以继日地撞山拱土。涂山氏见丈夫身先士卒，为打通轩辕山，凿开龙门，人都累瘦了，十分心痛。她安顿好小儿启后，变成野猪，带着天神派来的小猪群一齐用力凿山。通过他们的努力，在轩辕山脉中凿开了一条通道，让黄河水奔向东方，流入大海。被凿开的晋陕峡谷，人称龙门。其流水经过的缺口，人称"禹门口"。

后人为纪念大禹治水功德，特地在龙门山上修建了禹王庙，祀奉大禹。

作者：刘　姗　布　衣

随山刊木

尧帝联盟的时候，天庭里有两位著名的大神。一位叫火神，另一位叫水神。他二人看见美丽如画的人间，心里发痒，总想下界称王。

二人碰到一起，火神说："人世间没有火，就不能熟食。故而人们都得崇拜于我，我去人间称王最为适当。"

水神不服气地说："水是万物之灵，没有水，人们就会渴死，庄稼就没有收成。人们生活离不开我，故而得崇拜于我，我去人间称帝最佳呢！"

两位大神都是火炮性子，谁也说服不了谁，谁也不让谁。说着说着，二人各持手中兵器厮杀开来。这一厮杀不打紧，却把盘古王开天辟地时的撑天柱给折断了。这下可不得了啦！天宇倾斜东南，大地凸凹，而且还把老天凿出了一个大窟窿。天河水顺着他们凿出的大窟窿流到人世间，促使人间成了一片汪洋，尸横遍野，炊烟散尽，天下黎民百姓叫苦连天。

尧帝见状，上天去质问天神："你让我到人间去谋福祉，造福于民。这下倒好，你放天河水淹了人间，却让百姓来质骂我。这还有天理吗？"

天神自知理亏地说："我乃错矣。怪我管教不严，造成罪过。我让禹去治理天下水患吧！"

禹来到人间，看见浩瀚的洪水，简直分不清东南西北。怎样着手治理水患呢？禹挠头不知所措。

禹站在一块礁石上遥望天空，情急之下，狠狠地跺脚道："天神呀，天地茫茫，不分西东，我带的治水河工迷失方向，只见汪洋，从何去治水呀，我的天神？"

禹这一跺脚，惊动了土地。

土地冒出地面施礼问:"禹王爷,你有何贵干,需要老生帮忙协助,尽管吩咐。"

禹对土地说:"我只见汪洋水波,不分东西南北,从何去治水患?"土地道:"这有何难?"他指着高处的树木说,"你可让人在树上砍上记号,就知道方位和所经路径了嘛!"

经土地一指点,大禹恍然大悟,于是在治水过程中,让人随山刊木,不唯书,不唯上,只为实。禹牢记母亲的教诲,吸取父亲的教训,注重调查研究,把洪水区域划为九州,采用先易后难、有的放矢之法,依据踏勘的地理,有条不紊地疏导天下洪水,逢弯切角,逢正抽心,深淘滩,低筑堰,历经十三年,终于将洪水治平。

作者:余 峰

治水凿古井

　　四千多年前的古蜀国是个饱经水灾肆虐的古国。无数次的洪灾终于训练出一位治水的伟人，他就是夏朝的开国之帝大禹。大禹从鲧治水的失败中吸取教训，改变了以"堵"治水的办法，率领民众对洪水进行疏导。大禹为了治理洪水，长年在外与民众一起奋战，"三过家门而不入"的事迹流传数千年。大禹与自然灾害的斗争，最终获得了胜利。

　　《史记》载，大禹生于西羌腹地今汶川县绵虒镇石纽山刳儿坪。如今的刳儿坪上仍有一块大石头，正面清晰刻有"禹迹"二字。石头下面有一条宽泥坑，一直向石头里面延伸，传说是圣母剖腹生禹处。清代所建供奉大禹母亲的庙宇圣母祠现也已恢复。

　　禹虽然生于西羌，但他的主要治水之地在黄河中段。所以他要走出汶川，走出四川。而古蜀国都城则是他的必经之路。在老百姓的心目中，大禹是位管水的神。所以他的功绩在于治水而行。当然有水就治水。没有水，甚至缺水呢？那就要找。古蜀国都城的南边，因为地势高，距离水源远，河渠里的水流到这里时，称为"尾水"，基本上被上游的人用完了，没有水了。所以这里常常干旱缺水，田开缝，地开裂，庄稼无水种不下去。大禹出川时经过这里，老百姓向他述说了缺水的苦难。大禹说："不怕缺水，就怕洪水。缺水好办！"说完话，顺手从肩上取下神铲，凿了七眼老井。井中顿时水波莹然，取之不尽，用之不竭。人们逐水而居，聚集在七眼老井的周边，久而久之成了集中居住之场。

　　七眼井场的先民为纪念大禹凿井的功绩，便在井边立大禹庙祭祀。后来这个地方就以庙起名，叫大禹庙场。

大禹庙场不知啥时成了德源场，大概是文人墨客认为取大禹庙太俗，便起雅名"德源"，彰显其纪念大禹功德，饮水思源之意。据现有资料考查，清嘉庆十八年（1813）刊印的《郫县志》上同时有德源场和大禹庙的名称出现。大概德源场是官方所称，大禹庙是民间所喊吧。

作者：羌　然

神龙助禹治水

一、卧龙

卧龙位于四川省汶川县境西南的巴朗山脚下，属邛崃山脉东坡。境内山高坡陡，河谷深切，沟壑纵横，风景美丽，现已是联合国动植物保护圈、国宝大熊猫自然保护区。

卧龙的神话和民间传说颇多，可以说是神乎其神。《汶川县志》载："卧龙关侧，山势如龙蛇颓卧，故名卧龙。"俗传昔有国王经此，九龙随之求封，王讶为蛇，九龙大愤，其一死，僵卧山侧，故名。这里所指国王，实系治水英雄大禹王。因旧书往往为贤者讳，禁忌把名人写成有差错的人，所以以"国王"氏称，以保护大禹的完美形象。

而民间传说纷纭，其主要传说如下：

禹王治水时，顺岷江溯源察看。一天，他来到支流卧龙关前，突见九条大蟒腾空而至。为首一龙摇头摆尾，伏地叩拜，双目炯炯，渴望着面前这位为民除害的圣人能理解自己的来意，它是率众向禹王求封的。但由于它们来得突然，禹王受惊，大声惊呼："蛇，蛇，蛇。"他忙用衣袖掩面，惊慌得想逃走而不敢动步。他把龙误讶为蛇，没有封它们为龙。这九条龙本来一是求封，二是愿意帮助禹王治水，谁知求封不成，反而被贬称为蛇。为首的一条龙便一气而死，僵卧在地上，成了现在的地形地貌。其余诸龙见情况不妙，腾空飞起，纷纷逃遁。其中有一条龙，气累交加，跑得浑身大汗，最后热死在归途中，就是现今小金县的热龙关（也有书写成日龙关的）。首龙气死僵卧在地后，其冠角变成了现在驰名中外的"四姑娘山"，那些龙须变成了现今的深涧飞瀑以及奇松巨柏，龙身上的彩鳞变成了现在自然保护区内的秀丽风景，而被称为国宝的大熊猫，相传是龙虱变成的。

二、黄龙

传说上古时候，洪水滔天，大地一片汪洋。当时出了一位叫"大禹王"的神人，他为治水沿岷江而上，视察江源水情，来到汶川县漩口、映秀之间的江岸。早有九条神龙合计投奔大禹王，求其封位，助禹治水。这九龙见禹王视察江源，正是好机会，就约同去拜见他。在相遇的地方，九龙卧地叩头朝拜。大禹王突然见九根大虫在前进道上阻拦，一时惊恐，大呼："蛇！蛇！蛇！"为首一龙被贬称为虫类，后退几步便卧地而死。身后各龙见状，都怕被贬封，调头各奔而去。这首龙卧地气死变为山峰，状如龙卧状，即今之卧龙自然保护区，古称卧龙关，其来历如此。

黄龙当时就在卧龙身后，它受惊回跑，一直沿岷江跑到源头，腾飞在雪宝鼎上空，蓄意发起怒火，要对大禹进行报复。

大禹见九龙死的死，逃的逃，继续视察江源，不一日来到了茂州（今茂县境内）。突然，江面卷起黑风恶浪，欲将大禹所乘木舟掀翻。正在这千钧一发之际，突然从江面飞来金光四射的黄龙，与黑风恶浪展开一场殊死搏斗。黄龙最终获胜，背负着大禹所乘木舟，溯江而上，助禹王视察岷江之源。

原来是黄龙正要报复大禹，忽见茂州江中黑风妖有意谋害禹王。黄龙想到大禹讶龙为蛇贬封了它们龙族，但他为民治水不辞艰辛，功大于过，于是变报仇为报恩，从而战退黑风妖，助禹治水。

后来，大禹治水成功，向天地祷告，赞黄龙助他治水有功，封其为天龙。黄龙谢封，不愿升天，它留恋这岷山源头，躲藏在原始森林中，用自己的力量美化着这里的山水林间，人们称它躲藏的山为"藏龙山"，后来人们又在此修庙纪念，故得名"黄龙寺"。这里的人们至今歌颂它不记私仇，顾全大局，为民造福的美德。

作者：云　川　羌　然

助禹治水

一、瑶姬助禹治水

相传古时候，在西天瑶池仙宫里住着西王母。这西王母有很多女儿，个个都生得美貌无比。其中，又要数她第二十三个女儿瑶姬生得最聪明、最善良、最好看。西王母也最喜欢瑶姬。瑶姬从小喜文爱武，西王母就专门请了文、武两个天师教她读天书，练仙术。两个天师也很喜欢瑶姬，就把各人的本事都教给了她。瑶姬呢，总是一学就会。西王母很高兴，就把瑶姬封为云华上宫夫人，叫她管教仙童玉女。

天上有三十三座天宫，座座天宫使人醉心迷魂；天上有七十二重宝殿，重重宝殿叫人眼花缭乱。所有的天宫宝殿，瑶姬都走了无数遍。那各种各样的奇珍异宝，瑶姬也玩得厌烦了。一天，瑶姬带着身边的十一个侍女，瞒着西王母，悄悄跑出了瑶池，到凡间游玩。十一个仙女来到东海就各显神通，变成了各种各样的鱼、龟、鸟、蚌，在海里尽情地玩耍。后来，仙女们又游逛了四海。看到四海龙王掀起的狂风巨浪给人间造成了很大的灾难，瑶姬心里十分同情。她把云帚一挥，霎时海上风停雨止、波停浪静。瑶姬又带着仙女们闯到东海龙宫问罪。她惩戒了众龙王，要他们今后不可再兴妖作怪，之后才离开了东海。

瑶姬带着众仙女一路上看尽了人间的美景，一天又悠悠然来到了巫山。这时，在巫山上空有十一条蛟龙正在呼风唤雨，兴妖作怪，只见大地上洪水泛滥、树倒房塌，人们都没得活路走了。瑶姬一气之下，带着众仙女把十一条孽龙团团围住了。她把云帚一扫，天摇地动，雷声滚滚，十一条蛟龙一下被斩成了数段落到地上。

十一条孽龙的尸骨横七竖八地落在了巫山一带，变成了奇形怪状的山峰，把江水堵住了。水流不出去，成了汪洋大海。当时，大禹正在疏通岷江的水，听说长江下头被堵了，就心急火燎地赶到巫山。他看见遍地洪水被大山挡住了没有出路，就赶忙带领人们日夜不停地治水。哪晓得山大石头硬，一时很难疏通。大禹急了，摇身一变，变成了一只穿山甲。

大禹"扑通"跳进水里，潜到江底，拼命向东钻去！钻啊，钻啊，费尽了力气，好不容易才钻通了一个小洞洞。刚刚通了一点儿水，又被孽龙尸骨变成的大山给压塌了。

大禹不灰心，又爬到山顶上大声呼唤，叫来了一群黄牛，让牛群用双角拼命抵山。抵呀，抵呀，好不容易才抵出了一个缺口，刚刚流了一点儿水，又被垮下来的山岩堵到了。后来，人们把黄牛抵山的地方，起名为"黄牛峡"。大禹急得像热锅上的蚂蚁，想不出疏通河道的法子了，只好站在山顶上望到洪水和大山叹长气。

大禹治水不得法，被瑶姬看在了眼里。她急忙派了仙女腾云驾雾，把三册天书送到了巫峡的青石上，授给了大禹，叫他照书行事。瑶姬又派了六个大神来帮忙。为让人们早点儿脱离苦难，瑶姬又回到天宫去借来劈山宝斧。"轰隆"一声，一座山峰被劈开了。瑶姬一连劈开了十一座龙骨峰，开辟了长江三峡。大禹见大山被劈开了，赶紧领着人们搬石头排洪水，加上又有六个大神帮忙，硬是把西海滔滔洪水引向了东海。

大禹治好了洪水，心里很感激神女瑶姬，就登上巫山山顶，想向神女当面拜谢。只见天上团团轻云缭绕，却看不到神女瑶姬的影子。他正在到处找，一会儿，那团团轻云化成了毛毛雨落了下来。忽然，那毛毛雨停了，从天上飞来一条金灿灿的游龙，在山顶上游来游去。一会儿，那条游龙又不见了，从半天云里飞出来一只银光闪闪的仙鹤，在巫峡上头飞来飞去。突然，那只仙鹤又飞进巫峡里不见了，山顶上又立着个高大的人形青石，活像一个苗条的少女。一眨眼，那个人形青石也不晓得哪儿去了。

就这样，大禹始终见不到神女的面。他想来想去，就起了疑心。他问大神童律："神女是不是真正的神仙？为何我见不到神女的面？"童律对他说:"神女瑶姬是西王母的幺女儿,又叫云华上官夫人。她在瑶池仙宫学会了变化无穷的仙术,刚才那些云、龙、鹤、青石都是她的化身。"接着,童律就驾起云车,载着大禹去见神女。

突然,见巫山顶上出现了一座金光闪闪的仙宫宝殿。大禹走进去拜见了神女瑶姬。神女叫他继续治理天下的洪水和人间的灾患,还派了神将相助。后来,大禹走遍了天下各处,三过家门而不入,硬是治好了天下的洪水和人间的灾患,被人们拥戴为大禹王。

从那以后,神女瑶姬帮助大禹开山治水的传说,就在巫山一带被人们世世代代传颂了下来。后来人们还在飞凤峰"授书台"上修建了神女庙,敬祭神女娘娘,好让子孙后代不忘神女娘娘的大功大德。

二、黄龙助禹治水

岷江源头,有座古庙叫黄龙寺。这黄龙寺是咋来的呢?

相传古时候,涨过一次很大的洪水。一天,有个叫鲧的天神去灵霄殿朝拜他的祖父天帝。经过南天门时,他见银河水从缺口朝下流,地上只剩下一些高山还没有被淹没,人们被置困在山尖之上。鲧想起爷爷"藏息壤的青泥",那青泥是爷爷在银河边发现的,能捏拢成团,撒开成粉。爷爷叫值日功曹把青泥挖回天宫。哪知,挖泥的地方冲了个缺口,银河水顺下奔流,凡间的众生就遭难了。鲧听说只有息壤才能挡住洪水,就急忙跑去拜见祖父天帝:"天爷,银河缺口了,下界成了汪洋,请你把息壤还到原地去吧!"天帝冷笑不语。鲧又哀求:"天爷,请把息壤撒些给人间阻止水患吧!"天帝还是不理睬。鲧就跪在天帝面前:"天爷啊!请你赏给黎民一点息壤吧!"天帝脸色一变,发起火来:"哼!你还管到我头上来了!"

鲧被赶出灵霄殿,来到娑罗树下。他找到朋友神燕和神龟,把洪水成灾和请求天帝赐息壤遭拒绝的事说了,表示要盗出息壤给人间治水灾,但不知息壤藏在哪里。神燕说:"息壤藏在灵霄殿后的玉柜里,但那玉柜有天兵镇守。"他们商量了一阵,最后想出了一条计策。

第二天晚上,天帝到广寒宫去喝桂花酒,观赏嫦娥仙子歌舞,看守玉柜的天兵正在打瞌睡。鲧和神燕、神龟走上殿来，假传圣旨说："天帝念你们看守玉柜有功，特奖赏玉液一坛！"天兵们见了酒，欢喜得发狂，谢过圣恩就你一口我一口地喝起来。不久，他们个个都醉得像一摊稀泥了。神龟赶紧钻出丹墀，打开玉柜，取出息壤，放在背上背起。沉重的息壤，把神龟的背壳压起一道道裂口。鲧和神燕帮助神龟登上云头，走出南天门，朝人间飞去。

他看到洪水淹得最凶的地方，就从神龟背上抓起息壤，大把大把地朝下撒。那落下去的息壤越长越多，变成一道长堤，洪水往后退了。息壤不断生长，眨眼间变成了一座座青山和望不到边的平坝。被洪水逼上高山顶的百姓，看到山下出现坡连坡、坝连坝的好地方，都下山了。天帝得知息壤被鲧盗走，大发脾气，降下法旨，把神燕、神龟和守玉柜的天兵通通斩首，另派凶恶的祝融去处死鲧。祝融来到羽山，看见鲧还在一个劲地抛撒息壤，不等他撒完，就把他砍了。

鲧没有死，他的眼睛睁得大大的，憎恨祖父天帝。他的尸首不腐烂，心还在跳动，还在想着凡间的事。天帝知道后，又对祝融传下法旨，"把鲧的胸腔给砍开，看他长的什么心？"祝融来到羽山，见鲧睁着眼睛，还在念着："洪水！洪水！"便扑上前去，对准鲧的胸膛就是一刀。突然，从鲧的胸膛里跃出一条金灿灿的黄龙，直向岷江上游的藏龙山飞去。

后来，鲧的儿子禹长大成人，继承鲧的治水遗志，长年在外治水。有一天，大禹为了疏通岷江水道，划着小船来到上游的藏龙山下察看山形水势。忽然，天昏地暗，狂风暴雨，江水掀起大浪，小船在漩涡里乱转。万分危急的时候，只见山谷里出现一条金灿灿的黄龙。它跃入水中，用背托起小船，引着禹冲出漩涡向前划去。小船翻过九十九座山，绕过九十九道弯，来到风平浪静的地方。那黄龙游过的山谷河滩，江水都归了漕，不再乱奔乱流了。从此，岷江便有了固定的流道。

人们为纪念治水有功的黄龙，便在藏龙山修了一座黄龙寺。每年六月十六日，方圆数百里的藏、汉、氐、羌各族人民，都纷纷赶到寺里拜祭黄龙，向它祈福。

三、大龟助禹疏西海

夏禹王疏通九江、八河和四海，东海、南海、北海都找得到，唯独没见过西海。西海在哪儿呢？原来西海就是现在的成都平原。为啥这么说呢？你看它横起顺起全是平坝，团转都被大山包围。过去，这块平原大坝都是水，水流不出去，就成了大海，加之地理位置偏西，所以，成都平原就叫西海。

尧王有个大臣，名叫鲧。他奉了王命，疏通了好几条河，独独把黄河整修不好，修好一回垮一回。尧王发怒，要将他斩首。鲧说："微臣没有治理好洪水，死了也不甘心。我有一心愿，微臣死后，求大王让我儿继承父业，疏理九江、八河、四海。"鲧死后，尧王就传下圣旨，令夏禹治水。夏禹领了圣旨，就疏理九江、八河、四海。四海之中西海的洪水是最不容易治的，因为它全被大山包围，水没有流出去的地方。有一天中午，夏禹很疲倦，迷迷糊糊地睡着了。他做了一个梦，梦到一个老太婆带了一个十五六岁的女花童。夏禹一看，嘿，她怎么跑到我的营寨后头来了？为啥守营门的人不挡呢？

老太婆对大禹说："大人，我是来给你献计的，帮你疏通西海。""哦！你有什么本事？能把西海疏通呢？"老太婆说："我当然有法疏通，但是你要依我一件事，我就帮你疏理。"夏禹说："是什么事呢？"老太婆说："你若要想把西海疏通，你就得跟我的孙女成亲。"夏禹本不想答应，但自己又无法治好西海，只得说："好！那么我答应你。"那老太婆说："明日午时三刻，你们就配成夫妇。三天之后，我给你把西海打通。"说完，两婆孙不见了。夏禹一惊醒，原来是一场梦。

到了第二天午时三刻，果不其然，守门的小兵前来禀报说，外面来了一个老婆子带了一个姑娘求见。夏禹一听，忙说："有请！"他叫人把老婆子和姑娘接进营来。老婆子说："好，好，今天正是好日子，你们夫妻就拜堂吧！"夏禹心想：能治海才是件大事情，就跟姑娘拜了堂。三天一满，夏禹说："婆婆，你说要给我疏通西海，到底怎么个疏法呢？""这不难嘛！好，走嘛！"他们走出营来到海边，只见婆婆把衣服一脱，"咚！咚！"就跳下水去了。霎时间，狂风大起，波浪翻滚。大禹一看，有一只大龟，尾巴约莫有几丈长，好似两根铁锹杆，在海里翻滚。大龟找好了一个出水路口，就用它的尾巴抽，一直抽了三天三夜，把岩石打通了。西海水很快就畅通地流进长江、流进大海了。那婆婆累了三天三夜，最后累死在西海边上。夏禹王非常难过，把婆婆的尸首安葬了。

由于西海出水口打得又大又深，从此以后，西海慢慢地干了，现出了平原大坝。这就是今天的四川成都平原。

夏禹王把九江、八河、四海一疏通，回朝向尧王禀报说："疏通西海，应该算我妻子婆婆的功劳啊！"尧王听说是一个大龟把西海疏通的，很怀念她，就喊各大臣今后上朝时，手上要执龟牌。这个龟牌就是后来的"朝片"。

四、禹战夔龙

共工撞倒了天柱不周山，天塌了一个角，天河的水往地上流，弄得地上到处都是洪水。

这时，有一条曲蟮精修炼成的夔龙偷了天界定水神珠，兴风作浪，搞得地上洪水滔天。

黄帝派大禹治水，大禹想：要治水就要先疏通河道，要把一匹一匹的大山打开缺口，只有神兽穿山甲才有钻山成洞的本事。他找到神兽穿山甲求它帮忙。神兽穿山甲愿意帮助大禹，大禹就带着它动手治水。要治水就得制服夔龙，收了它的定水神珠。大禹和夔龙大战。夔龙战不过大禹，逃命时吐出定水神珠向大禹打去。大禹用法术收了夔龙的定水神珠，它只得乖乖投降。大禹想到夔龙能在水中开道，就收了它。

大禹用夔龙在水中开道，靠穿山甲钻山穿岭，想把洪水引入东海。沿路到处都是高山，遇到过无数山精水怪，他都设法一个一个地把它们制服。

大禹去治水的时候，刚同涂山女娇结婚不到三天。转眼间，过了十年。他从家门前路过三次，很想进屋去看看妻子女娇，可他一想到洪水还没治理好，就硬着心肠走了。

大禹好不容易才把洪水引到巫山地界，这时，神兽穿山甲和夔龙都累得筋疲力尽了。眼看洪水波浪滔天，整个四川立刻就要变成汪洋大海，大禹只好上天去找玉皇大帝。玉皇大帝派太白金星去找沉香，借来开山神斧交给大禹。大禹得到开山神斧，急忙返回巫山，挥起开山神斧不停地劈，又靠穿山甲钻、夔龙引水开道，搞了整整三年，才把巫山劈开了一条缺口，洪水入海，地平天成。川西海子终成了川西平原。

化猪拱山

　　涂山氏见大禹治水，成天东奔西跑，九年中三次经过家门而不入，决心帮助大禹开山导水。涂山氏求天神把她变成一头神猪，每天黑夜她便悄悄来到大山下，用嘴拱山，给江水开路，在鸡鸣叫前又变成人回到涂山。大禹发现挡水的大山被推平了许多，岩石上还有猪毛和血迹，连着几天都是这样。于是一天夜里大禹来到江边观看，见挡住水路的那座大山正渐渐垮下去，水通过山口，向东流去，大禹看到是一头如小山包一样的猪正在用力拱山。他便上前向猪致谢，那猪见大禹来了，要逃走，被大禹一把拉住，现出了原形。涂山氏见大禹识破了自己，觉得自己化成猪的样子太丑，于是又变回神猪沿江向西跑去，一口气跑到古西凉国去了。

　　大禹是中国古代最伟大的治水英雄，是历史上夏王朝的开创者，又是具有传奇色彩的神话人物。禹生石纽是四川岷江上游羌人的神话传说，它产生于古代羌人对民族祖先大禹的崇拜。汉族文本对羌人禹生石纽传说也多有记载。岷江上游古为西羌冉駹夷地，又称西夷。《孟子》载："禹，西夷之人也。"《史记》载："禹兴于西羌。"《后汉书》载："良曰：'我若仲尼长东鲁，大禹出西羌。'"陈寿《三国志·蜀志》言："禹生汶川之石纽，夷人不敢牧其地也。"《吴越春秋·越王无余外传》载："鲧娶于有莘氏之女，名曰女嬉……剖胁而产高密。"又据此书载："家于西羌，地曰石纽。石纽，在蜀西川也。"谯周《蜀本纪》言："禹本汶山郡广柔县人，生于石纽，其地名刳儿坪。"《蜀王本纪》中更进一步说："大禹六月六日生于石纽。"不仅历史有记载，在岷江上游羌人生活的地区，至今留有禹生石纽的遗迹。岷江上游理县杂谷脑河南岸有座禹王山，传说大禹治水时曾走过那里，因疲惫而躺在山坡上休息，头戴的帽子变成了长长的北坡，身体上长出了茂密的森林，渐渐变成了一座山。

　　流传在羌族中的大禹治水传说也有着羌族特色。在汉族的大禹传说中大禹的妻子涂山氏以九尾白狐为外妆。而在羌族传说中的涂山氏则是羌家姑娘，眼睛像星星，脸色像桃花，身穿长衫，头顶花帕，会吹羌笛，水路图则是一张羊皮图。据羌族传说，大禹是羌族天神木比塔派到凡间帮人们治水的英雄，他战胜乌龙的武器是从羌族所信奉的天神木比塔那儿寻来的。同时，与流传在汉族中的大禹传说一样，大禹也是三过家门而不入，这蕴含了他惊天动地的治水壮举和艰辛，其治水功绩也成为中华民族历史的一座丰碑。

作者：羌　然　王小荣

禹与河图

大禹治理黄河时有三件宝，一是河图，二是开山斧，三是避水剑。传说河图是黄河水神河伯授给大禹的。

河伯查水情，画河图，是个苦差事。等河伯把河图画好时已年老体弱了。后来，到了大禹出来治水的时候，河伯便决定把河图授给他。

这一天，河伯听说大禹带着开山斧、避水剑来到黄河边，他就带着河图从水底出来，寻找大禹。河伯和大禹没见过面，谁也不认识谁。河伯走了半天，累得正想歇一歇，看见河对岸走着一个年轻人。这年轻人英武雄伟，想必是大禹，河伯就喊着问起来："喂，你是谁？"

对岸的年轻人不是大禹，是后羿。他抬头一看，河对岸一个仙风道骨的老人在喊，就问道："你是谁？"

河伯高声说："我是河伯。你是大禹吗？"

后羿一听是河伯，顿时怒从心头起，冷笑一声，说："我就是大禹。"说着张弓搭箭，不问青红皂白，"嗖"地一箭，射中河伯左眼。河伯拔箭捂眼，疼得直流虚汗，心里骂道："混蛋大禹，好不讲道理！"他越想越气，就去撕那幅河图。正在这时，猛地传来一声大喊："河伯！不要撕图。"河伯忍痛用右眼一看，对岸一个头戴斗笠的人，拦住了后羿。这个人就是大禹，他知道河伯画了幅河图，正要找河伯求教呢。后羿推开大禹，又要张弓搭箭。大禹死死拽住他，把河伯画图的艰辛讲了，后羿才后悔自己冒失莽撞，射瞎了河伯的左眼。

后羿随大禹一同蹚过河，向河伯承认了过错。河伯知道了后羿是后老汉的儿子，也没多怪罪。大禹对河伯说："我是大禹，特地来找你求教治理黄河的办法哩。"

河伯说:"我的心血和治河办法都在这张图上,现在授给你吧。"

大禹展图一看,图上密密麻麻、圈圈点点,把黄河上上下下、左左右右的水情画得一清二楚。大禹高兴极啦!他要谢谢河伯,一抬头,河伯已跃进黄河早没影了。

大禹得了河图,日夜不停,根据图上的指点,终于治住了黄河。

作者:羌 然 周 川

大禹助鲧平西海

在岷江源头松潘和南坪（今九寨沟）两县的交界处，有一座界山犹如横空出世，其山名叫"弓杠岭"。在这弓杠岭的山顶上，远远望去，能见到山垭口中央有一块方方正正的石头，状如一颗铁钉扎在山脊峰口上，藏语称为"夺尔基"，译意是"金刚石"，有的人也叫它"斗鸡台"，是"夺尔基"的谐音转称。据传，它的来历是这样的：

远古的时候，今天的成都平原还是一片汪洋大海，称为西海。而弓杠岭却是一片平展的大坝，既没有终年积雪，也没有大山深谷，绿草茵茵、花团锦簇、天蓝地艳、鸟飞天空，就是神仙也想在这里安家落户。谁知后来洪水泛滥，把这片美好的地方淹没了。尧命崇伯鲧带人挖开山坳上的一个口子，将水排干净，那个大坝子不就露出来了。有了这么大的大坝子，不就可以修建城池了。

为了把城池修建好，崇伯鲧亲自率领着一大批治水民工挖山口，挖呀挖，眼看就能排水了，可是天黑了，崇伯鲧决定第二天继续挖。

谁知第二天早晨，崇伯鲧带着治水民工去挖时，没有见到昨天挖过的痕迹，展现在眼前的仍是一座弓杠形的大山，昨天挖过的山口不见了。崇伯鲧发怒了，立即下令治水民工们各自施展本领，快速地将这座山垭口铲平，将洪水排干，还原成原来平整的大坝。治水民工们奉令后，从日出干到日落，好不容易才把山岭挖到能让洪水排出的位置，只见洪流滚滚朝山下流去。

过了几天，崇伯鲧带着老将大章等一行人去看时，他们都傻眼了，明明昨天傍晚都在排水的山垭口又恢复先前的模样，横在他们的眼前，平坝上仍是一湖洪水。

崇伯鲧只得又下令继续挖山垭口！就这样挖平了又长出来，长出来又挖，反复了七八天。崇伯鲧愤怒也没有办法，治水民工和挖山工匠都弄得精疲力竭。崇伯鲧也是束手无策。

当时还是少年的大禹，知道父亲治水遇到了这种怪事，意识到恐怕还是要找出原因才行。不知是哪路神仙在与他父亲作对呢？或是不知天高地厚的妖魔要故意为难父亲？想来想去，大禹最后想到了天神。他想：我何不夜里去悄悄察看呢！

当天夜里，大禹悄悄地来到白天挖平垭口的地方察看，起初并没有发现异样，当他边走边看的时候，突然脚下渐渐地拱了起来，不多时越来越高，慢慢地就恢复成了原来的样子。大禹好生奇怪，正思索间，隐隐约约传来九个人的声音，原来这九个人就是夜夜来作怪的"地魔"，他们一边走一边说：

"你们说崇伯鲧法力无边，我看这回他永远也挖不出一个排水缺口来，洪水排不出去，就休想有平整的坝子！"

另一个地魔说："你不要太得意了，万一崇伯鲧用一颗九个头的夺尔基（金刚钻）从我们头上钉下来，那我们九个永远也不要再想活了。"

又一个更加狂妄的地魔说："你们太小心了，崇伯鲧能知道我们这个秘密吗？如果知道了，还需要伤透脑筋七八天了也不来管吗？现在我们还是快点动手，把他们挖的山垭口再拱高些，他们死也想不到是我们九个在与他作对。"

大禹听到这里，心里暗暗高兴，庆幸自己这一趟调查收获很大，找到了制服地魔的方法。他回去立即告诉了父亲事情的来龙去脉，并悄悄告诉父亲，去找一颗有九个头的夺尔基，对准九个家伙谈话的地方直钉下去，挖开的缺口就不会还原了。

崇伯鲧听了儿子的话，就亲自去找了一颗九个头的夺尔基，对准昨天挖的排水缺口钉了下去，只听一声声惨叫后排水口就停止了向上拱长，但原本平整的大坝子却拱起了九个高低不平的小山包，而且每个小山包顶都冒出一股股白浆来，不一会儿，整个弓杠形的山岭全白了，这就是现在山顶终年不化的积雪。排水口倒是停止往上拱长了，大坝上的洪水也排干净了，但平坝不见了。崇伯鲧也遇到了难题，抽出九头金刚钻钉，怕九妖逃走，今后无法降服；不抽吧，原来的平展大坝变成了九座大小不等的山包，无法再建城池，真是进退两难。

这里不能修筑城池，大地上也不能没有一座像样的城池，不然人间怎能繁华得起来呢，崇伯鲧愁得茶饭不思。少年大禹人虽小，脑筋却很灵活。他见父亲终日愁烦，就对父亲说："阿达（爹），您不妨带人到西海（川西平原）察看水情，然后再在适当的位置挖通一个口子，将海水放干，将城池建在那个水退出的陆地上，不是很好吗？"

崇伯鲧听了儿子的话，沉思了半天，最后带着治水民工在西海边察看，对身边的一批民工和能工巧匠说："你们就在那个堤岸最低的地方，挖开一个大口子，把海子的水放出去，当水位低于缺口时，又接着向下挖排水口，直到把整个西海的水排干，露出平地建城。"

治水民工奉命后，又围着西海详细地察看，根据地形的高低，把河道疏通，把阻挡的堤坝和巨石劈开。不久，西海里的水全放干了，露出肥沃的陆地，这就是今天的川西坝子。

后来西海干了，川西平原上水草丰茂，谷物富饶，崇伯鲧遵循尧王的旨意，找能工巧匠们选定地势，修建起了城池——锦官城。这就是弓杠岭与锦官城的传说。

作者：老　叟　唐继秋

禅让勤政

一、禅让王位

相传大禹治水获得成功，班师回帝都时，在震天动地的欢呼声中，大舜王手挽着大禹的手臂缓缓入殿。在大殿上，舜王激动地说："大司空啊！你顺天道，平水土，治九州，天下安康。这是前无古人，后无来者的丰功。大司空功与天齐，德如日月啊！"后来，舜王老了就把王位禅让给了大禹。

大禹继位后，将皋陶选定为帝位继承人。然而皋陶与大禹年纪一样大，且先于大禹逝世了。皋陶逝世后，大禹又将舜帝的女婿益选定为帝位继承人。但是，大禹将儿子启的亲信安插到益的身边，为启培植势力。同时，暗中支持启训练军队。这样，大禹去世时，益没有获得足够的支持，诸侯都去朝见启而不朝见益。在这种情况下，益只好乖乖地躲避到箕山（今河南登封东南）去了，眼睁睁地看着启登上天子之位。对此，《韩非子·外储说右下》作了比较深入的分析："古者禹死，将传天下于益，启之人因相与攻益而立启……禹爱益而任天下于益，已而以启人为吏。及老，而以启为不足任天下，故传天下于益，而势重尽在启也。已而启与友党攻益而夺之天下，是禹名传天下于益，而实令启自取之也。此禹之不及尧舜明矣。"但这些都只是猜测或传闻而已。

不过，绝大多数人则认为，启攻益而夺天下是偶然事件，不是禹、启蓄意而为。但也有部分人认为，益辅禹时间不长，还没有获得天下人的信任。从大禹执政后采取的一系列措施看，这两种看法是很难说得通的。这是其一。

其二，除上述说法外，传禹得了王位后，常领着人们狩猎种田，和他的臣民一起过着康乐的生活。后来，禹的年纪大了，身体也衰弱了，想挑选一个继承人。他的臣民们在他的领导下，过着安宁无灾、太平盛世的生活，没有显露贤能的机会。为了挑选一个贤能的人继承王位，大禹甚至愁白了头发。后来他经过苦思冥想，终于想出了一个测试王位继承人的好法子。

那天，禹王把他的臣民召集在地坛（祭地的土台子）周围。他在地坛上照着北斗星辰的模样栽了七墩草，上面放了一把勺子，又把自己的衣服领子和袖子撕下来放上，然后意味深长地向众人说："尧把王位传给了舜，舜把王位传给了我。如今，我老了，也到了禅让王位的时候。今天，我把大伙召集来，也就是要选贤任能把王位让出。请大家由东向西，一个一个地走过地坛，然后说出地坛所放物件的意思，谁说得好，我就把王位让给谁。"

大禹王说罢，就让众人由东向西穿坛而过。众人看过地坛上放的物件，可谁也猜不出是啥意思，一个个都摇着头走下坛去。最后一个上来的人是禹王的儿子启。启看着地坛上的东西，略思片刻，接着唱道：

"星星草，比北斗，一把勺子有稀稠。领出头，袖出手，打虎走前头，翻土先伸手。"启唱罢走下地坛。众人顿时领悟，都拍手叫好。

大禹王脸上的愁云没有了，他笑眯眯地说："启儿说对了，启儿说对了。"接着又说，"我在这地坛上种的七墩草，正是比着北斗星座种的。斗转一周，谓之一年。北斗星辰好比一把勺子，一把勺子有稀稠啊！身擎王位的人，也就是掌勺把的人。掌勺把的人应该夜夜晚晚仰望北斗扪心自问，猎物上有没有我的箭？耕出的地上有没有我的汗？这一年中我领着大伙是不是都吃饱了肚子？"

启虽然猜透了父王的心思，但是大禹王对儿子还是不放心，就给了儿子一部分人马，让他带着那部分人马去开辟一片荒地。启带着那部分人马去到那片荒地后，先种了七墩星星草来铭记父训，然后领着人开荒翻土，日日夜夜，勤勤恳恳，顶风冒雨，种禾植桑，年年都是五谷丰登。

后来，大禹王带领着各位大臣去那地方视察过几次，不仅仅是大禹王，就是同去的大臣们看了，对启的所作所为都非常满意。于是，大禹王就把王位禅让给了儿子。

后人都说大禹很自私，把王位传给了自己的儿子。其实不然，有星星草为证，至今人们还称北斗星为勺子星。要说自私吗，那是启，启后来坐上王位后，在禅让王位时不加选择地把王位传给了他的子孙，这是后话。

其三，启能登上王位，除了启的智慧，还有就是他有一支势力强大且训练有素的军队，没有遭到来自各路诸侯的强烈反对，倒是与启近亲的有扈氏起来反对启继帝位。于是，启在一个叫甘的地方誓师，发表了一篇赤裸裸的充满杀气的战争动员令。

这篇战争动员令的大意是，诸位将士啊，我现在向你们发布以下命令：有扈氏糟蹋"五行"，放弃"三正"，倒行逆施，因此上天要剿灭他们。现在，我奉上天之命去惩罚他们。战车左边的甲士如果不勇敢地攻击左边的敌人，你们就是不执行命令。战车右边的甲士如果不攻击右边的敌人，你们就是不执行命令。驾驶战车甲士如果不懂得驾驭战马的技术，不能使马按预定路线走，你们就是不执行命令。凡是坚决执行命令的，我就在祖庙里奖赏他。凡是不坚决执行命令的，我就在社神面前杀他的头。你们要当心一点，如果你们不努力作战，我会把你们的妻子儿女罚为奴隶。

由于启的军队训练有素，加上启的高压政策，软硬兼施，战争的结果是启大获全胜。通过这次战争，启的王位得到了巩固。到启传位于太康时，就再也没有出现反对之声了。就这样，家天下、世袭制的王朝诞生了。

二、禹王戒酒

夏朝开国的时候，夏禹王一直都很俭朴。他为了治水，曾经三过家门而不入，一心只为老百姓。

大禹外出治水期间，有一年春天，他的女儿游春半路上闻到一股特别的香味。她顺着香味一找，便找到了一个叫仪狄的人家里。这仪狄，原来是个酿酒师傅，会用各种果品粮食酿造出又香又醉人的美酒。仪狄见禹王女儿来了，就请她喝酒。禹王女儿一喝，不由得感到浑身舒畅，便把仪狄请到王宫里去酿酒，说是等她爹大禹回来好喝。仪狄到王宫便酿起酒来。由于仪狄酿的酒好，王宫里的人没一个不想喝。有些人趁大禹不在，便经常饮酒作乐，好些事情都被耽搁了。

后来，大禹疏通了九条大河回来，他的女儿立即把仪狄造的酒献给大禹喝，想讨父亲的欢心。大禹一喝，也觉得味道可口，便接连喝了好几碗，不一会儿就喝醉了。这一醉，就昏昏沉沉地睡了两天，什么也不想干。

大禹酒醒之后，猛然觉得这事情有点不对。他感到酒喝多了会误事，便马上把臣子们召集起来说："酒虽好喝，但难免会误事。"又断言："后世必有以酒亡其国者！"于是，他下了一道戒酒令，不准人们再酿酒、饮酒，这便是中国历史上第一道戒酒令。

可是，仪狄回家后，舍不得他那套酿酒技术，仍然偷偷地酿酒，并一代一代传了下来。到了商朝，为了饮酒作乐，纣王专门把仪狄的后人喊到王宫大量酿酒，把酒装到花园里的大池中，把肉挂在树枝上，成天沉浸在酒色之中，史书上说是"酒池肉林"。结果，不久商朝就亡了国。人们这才感到大禹断言"后世必有以酒亡其国者"的英明。后人说："禹王戒酒传天下，纣王酗酒失天下。"

作者：陈晓华　周　川

为人勤政

一、三过家门而不入

四千多年前的尧舜时代，中国广大地域江河泛滥，洪水滔天。人民遭受洪水灾害，田地房屋淹没，老百姓流离失所，生命财产损失严重。当此危难时期，部落联盟的首领尧急命鲧（禹的父亲）去"平水土"——治理洪水。鲧采用"水来土掩（堵）"的方法，用了九年的漫长岁月，结果劳民伤财，事功无成，终归失败，受到部落法规处理，处以死刑。而后，四方部落的酋长和大多人众又向舜推荐禹继承其父的治水业务。禹沉痛地感到父亲因水而死，便下决心要征服洪水。他总结前人及其父亲治水的经验教训，不辞辛苦，操劳实验，从中得到改变治水的好方法，即改变"水来土掩"的旧法，而采用了"凿山导流，疏通壅塞，引江河洪水入沧海"的疏导方法。从而，禹同他的助手契、后稷、皋陶、伯益等人带领人众，从四川的岷江开始治水，随即治理湔江、通口河（四川北川县境内）、嘉陵江（四川境内），又转向黄河、淮河、长江和富春江、钱塘江等大江流域。特别是"凿龙门"（今山西河津和陕西韩城之间的龙门山，即"晋陕峡谷"）、"辟伊阙"（今河南洛阳市南12.5公里处，两山相对如阙门，伊水流经其间），工程浩大，使用了大量的人力、物力。禹同人众披星戴月，栉风沐雨，不辞辛劳地终于完成了凿山导流的任务。传说禹新婚后辞家，在外治水十三年，三过家门而不入，乃至连他的妻子（涂山氏）生孩子也没有回去看一眼。其勤政劳苦忙碌的情景可见。由于禹治水努力，水患终于平息。部落酋长和人众一致推选禹做部落联盟的首领。

禹继位后，把中国的疆域分为九州，收集各地的青铜，铸造了九鼎，作为统一的象征。

　　禹为人勤政,有许多故事是令人钦佩的。他唯恐他的为人处世、修身治国的道理不清楚,对自然和社会一些事物的义理不命令,处理国家事务不妥当,对社会各行各业隐忧知道得不全面,对诉讼监狱的事办理得不公正。这些问题都在禹头脑里时时刻刻地萦绕。但是四方部落和众多百姓离他驻地远近不一,平常少有机会向他当面直言有关问题。禹对全国各地各方面的情况、各种各样的问题都需要了解和解决,进而把国家事务办好。为此,他就想了一套"揭器求言"的办法。所谓"揭器求言",就是在门外悬挂钟、鼓、磬、铎、鞀五种乐器,有人来求见他,根据要反映的内容,只要敲其中一件乐器就行了。他对民众宣布说:"有人要告诉我为人治国的道理就击鼓,讲解事物的义理就撞钟,报告公事办法就振铎,说明社会忧事就敲磬,要办诉讼案件就摇鞀。"此后,禹在住房里面听见哪件乐器响了,就知道来人要反映哪方面的事情,提哪方面的意见。据说,禹为了接待前来访问的人,经常是"一馈而十起,一沐而三捉发",决不怠慢来访的人。

　　这个故事虽然是传说,但是反映了禹为人勤政的精神和人民的愿望。禹是圣人,聪明过人,而且能这样对待来访的人,国家社会的事务就没有一件不知道,四方民情也没有一丝一毫壅蔽他的耳目。所以,夏朝的兴盛同他的为人勤政精神是分不开的。从而,我们不难理解,作为一个领导人,如果能千方百计搜访民情,虚心听取各种意见,他一定不会成为一个官僚主义者,一定能把工作做得更好!

　　二、下车泣罪

　　传说古帝王尧曾经说过:"一民饥,我饥之也;一民寒,我寒之也;一民有罪,我陷之也。"就是说,一个老百姓遭受饥饿,也等于自己遭受饥饿一样;一个老百姓遭受寒冷(无棉衣过冬),也等于自己遭受寒冷一样;一个老百姓犯罪了,也等于自己堕落了,没有尽到教育人民的责任。这种自我批评的精神品质,在禹的身上也得到继承。具体事例是:

　　有一次,禹外出巡视,在路上看到一批被押解的犯人。这些犯人双手被捆绑，像牛马一样地被驱赶。禹看了心里很不是滋味，便从车上下来，问这些犯人的犯罪经过。听了犯人的陈诉，他竟伤心地哭泣起来。随行人员看到这种情景，觉得很奇怪又不能理解。有人就问禹："这些人之所以落到这个地步，是因为他们不讲理，不守法，应当受惩罚。你为什么同情怜悯他们，还要惋惜痛哭呢？"禹回答："尧和舜做领袖的时候，能以德感化人，全体民众都以尧舜之心为心，安分守礼，自然都不违法犯罪了。现在我做全国的首领，不能以德感化人，每个百姓都以私心为心，不讲道理，不守法规，任意做犯罪的事。所以，犯罪的虽然是他们，其根源却在我的身上，这就是我伤心悲痛的原因。我不是怜惜犯罪的人，而是痛恨我的德行远远不如尧舜啊！"这个故事就是传说中的禹"下车泣罪"。在今天看来，禹所说的话也许可笑。而从史书记载来看，当时已有了官吏、军队、刑罚、监狱，已具备了国家的雏形，犯罪无疑是利害冲突的结果。而把这种社会不安、人民疾苦，看作是领导人自己的失误和无能，从而自我反省、自我批评的精神，仍是极可宝贵的，也是一个领导者的良好借鉴和自我教材。

作者：溪　春

闻善则拜

一、勤劳好学

大禹是个勤劳好学的人。一次，妈妈姒氏女到山里采野菜，大禹也跟随着妈妈一同前往九龙山。

九龙山很高。六月的天气，河坝头住的人家热得要命，身上都穿短衬衫了，而九龙山顶还头戴白帽子，白雪皑皑，银光闪闪。这山呀，气温有四季，呈垂直分布。

鹿耳韭、山杆菜等野菜都生长在雪山以下，铁杉林边的草甸地带。要采这些野菜，天不亮就得起身，得翻越四五座山梁，才能到达生长这些野菜的草甸。

前往山上采撷野菜的一行人中，有一个名叫常的小伙子与大禹十分投缘。大禹攀岩抄小路，常也跟着攀岩，尾随其后，人称跟屁虫。

跟屁虫可照顾大禹了。一路上，大禹攀缘吃力，常就扶持大禹一把。如果常走在前面，他就会反转身来拉一拉大禹。一路上，他们笑逐颜开，喜喜乐乐。他们把累和苦抛到一边，愉快地走在大山里，清新的空气让人心旷神怡。大禹总有许多好奇的问题问常。常也毫无保留地回答大禹的问题。

当他们走进一丛灌木林时，有一种酷似川芎的植物勾起了大禹的好奇。他便从林木丛中拔了一株问常："这是什么东西，叫什么名字？"常说："这是石窖菜，人称山杆菜。"

"哦，石窖菜，山杆菜。"大禹自言自语，重复着野菜的名字。

从灌木林中走出来后，他们出现在一条小溪沟旁。大禹见一株株拳头粗大、满身带刺的树木上，长有如竹笋样、颜色深红的包状叶块的东西，又问常这是什么。常对禹说:"这叫刺龙苞。"

"哦,刺龙苞!树干生刺。"

大禹重复着常的介绍,感到常很了不起,见其物就知其名。什么刺龙苞、山杆菜……多么有趣的名字呀!

晚上回到家里,大禹偎依在妈妈的膝盖上,抬头问妈妈:"常哥为啥知道那么多,见一物,就能说出十分贴切的名字来,他还知道到河里叉鱼的事,知道要怎样叉才能叉着大鱼。"

妈妈听了便对大禹说:"聪明的人,就是要善于多问,闻善则拜矣。"

入睡了,大禹在梦中还大声嚷嚷:"闻善则拜。闻善则拜。"

从此,"闻善则拜"这句话成了他的座右铭。

二、一沐而三捉发,一馈而十起

相传舜帝想让他的儿子商均继位,征询各大臣的想法,各大臣都不赞同。怎么是好呢?思来想去,舜帝只好禅位于治水英雄大禹,让他做部落联盟的首领。

大禹继位后,创建了第一个奴隶制国家,史称为夏。

大禹称帝后,始终把"满招损,谦受益"这句话当作自己的座右铭。

他巡视天下治安,路上遇上了沙尘暴,弄得满身都是灰尘,一张脸蛋黑得如锅底。侍从见状,特地为他烧了一桶菊叶汤,让其沐浴。大禹刚好款衣解带进入浴桶,伯益却有要事向他禀告。侍从官问大禹见与不见。

大禹二话没说,手扶着湿发,走出浴桶倾听伯益禀告钱塘泛起海潮之事。

伯益获得大禹的指令后,十分恭敬地对大禹说:"臣很抱歉,误君沐浴了。"

大禹说:"不打紧,天下苍生之事,就是你我之事。何足挂齿矣!"

伯益离去。大禹返回菊叶汤桶中,想好好通过沐浴来解其连日来的疲劳。

正当大禹洗涤的时候,侍从官又对大禹说:"四岳要求求见。"大禹想必有要事,否则四岳一般不急于求见的。于是,大禹又捉发倾听四岳关于兖州遭受水害之事。

大禹说:"纳税视丰歉而定,歉年就减。"

征得大禹的意见后,四岳特地颁发了一道命令:"轻赋薄敛,以宽民力。布德施惠,以振困穷。吊死问疾,以养孤孀。"

四岳告辞后,大禹摸着湿润的头发说:"哟,我还没洗涤呢!"大禹边说边返回那菊叶汤桶。此时水温已经凉了,侍从想加热浴水,大禹道:"免矣,将就洗吧!"

大禹一沐浴三扶发的故事就是这么发生的。四岳走后不久,百工又禀告冶炼之术。侍从不耐烦了:"帝君正洗澡,你别再打扰了。"大禹听到外面的说话声便说:"没事,我已经沐浴完了。"他扶着湿发听百工汇报。而那"一馈而十起"究竟是什么事呢?说的是大禹正在吃饭的时候,有十个人来求见,大禹十次离开饭桌,接见来者。故儒学者劝说尊重他人的时候,往往以"一沐而三捉发,一馈而十起"来鞭策人,教育人。

三、病偏枯,脚不相过

大禹率领民众打通轩辕山的龙门水利工程中,为了抢工期,赶在雨季来临之前,他不顾劳累,日理万机地同民众顶风冒雨,脚踩在淤泥里,挥动耒耜,整日跟淤泥打交道。人累得又黑又瘦,他的大腿都不像男子汉那么粗壮有凸出的肌肉了,小腿上的汗毛都让淤泥给摩擦光了,手脚都打起了厚厚的茧疤。妻子涂山氏给他缝制的衣服已经磨破,屁股都显露在外。妻子给他送饭让他吃,可他端起饭碗又放下。妻子心痛地劝其吃饭。可禹说:"哎,不想吃。没有胃口呀!"

妻子眼噙泪花说:"夫君呀,民众的劳苦也不及你哟。"

大禹则说:"以民为先,服无完矣。苦有啥了不起!"

正在妻子为他缝补磨破的衣服时,一位河工倒在淤泥里,大禹急忙赶去搀扶,连衣服都没穿。众多河工赞叹,禹同民一个样儿,让人敬佩。

跟随他走南闯北的黄龙抢先在前道:"禹王呀,你歇歇吧,为臣去搀扶就是。"

大禹同黄龙将河工扶出淤泥后，又继续挥耒耜，光着身子战斗在工地上。突然黄河上游一股大水将禹冲倒了，将他浸泡在泥水里。

　　一只乌龟把大禹驮出泥水中，放于河岸边。妻子涂山氏闻讯赶来搀扶大禹回到住地工棚。

　　巫医一瞧，大禹累病了，建议休养。大禹心系龙门工程，总想去现场。他一起身，两眼昏花，十分无力，下床行走十分不便，只能迈小步，一只脚迈出去，另一只脚都不能超越前一只脚。故后世的《广博物志》记述说："病偏枯，脚不相过。"

四、当惜寸阴

　　大禹在治理黄河时，一次妻子见大禹许久都没有吃过肉了，很是心疼。为了大禹有好的身子、好的体力、好的精神，涂山氏跑了很远的地方，弄到了一点猪肉，自己亲自下厨为大禹做了一顿香喷喷的饭菜，让人去叫大禹回家吃饭。

　　大禹放下耒耜，离开了治黄工地，准备回家同妻子一起吃一顿可口的晚餐。刚要到家的时候，四岳择马追到，焦急地对大禹说："禹王呀，轩辕山龙门口出现了一个山怪，在那里阻止河工，不准开山凿洞，这如何是好呀？"

　　大禹一听山怪作恶，火冒三丈："这还了得，什么山怪敢挡治理黄河，我倒要看看它有几个胆来与民作对。走，去看看这山怪有何能耐，敢挡我们开凿龙门？"

　　妻子涂山氏站在家门口等候大禹。她满以为可与丈夫吃一顿美味的晚餐，可半途中杀出了一个程咬金，又把大禹叫走了。涂山氏见状，便大声呼喊："饭吃了再去嘛！你又不是没除过山精鬼怪。"

　　大禹转头对妻子说："时间紧迫，你就慢用吧！"说罢，大禹连家门槛都未迈进一步便同四岳急返龙门山了。

　　大禹治水太忙了。妻子涂山氏怀孕了，捎信给大禹报告喜讯。大禹得知消息后，心里十分喜悦，高兴地对身旁的伯益说："涂山氏有喜了，肚内怀上了我的孩儿，我该怎么做呢？怎样做个合格的丈夫才是？"

伯益听了，也为大禹所喜。他劝大禹回家看看，安抚安抚涂山氏。

大禹告辞伯益，决定回家探望。可走到半路时，黄河下游的传令官飞速来报："禹王呀！黄河堤堰缺少石料，有的河段已经崩裂，十分危急，百工请你前去看看，好想法阻止黄河险情蔓延。"

大禹听罢，只好让人带话给涂山氏，自己又返身往黄河下游赶去。

涂山氏得到丈夫的传话，眼眶湿润，体谅大禹的心意，自己安慰自己，一头扎进家事务之中，由大禹自去。

大禹忙于治水，路过家门口时，听见妻子怀中的婴儿啼哭，本想进门看一看，瞧一瞧。可一行大臣和河工跟随身后，有急事要办，不能为一点家庭琐事耽搁了治水大事。于是，大禹心一横，眼噙泪花对随行说："治理黄河时间紧迫，我等一定要抢在汛期到来之前，凿通龙门，疏通黄河。常言道：'寸金难买寸光阴，我等乃当惜寸阴。'"

大禹在治理天下水患中，十分珍惜时间，强调时间的重要性，并时时告诫有关大臣当惜寸阴，这便是大禹"三过家门而不入"的故事。

作者：余　峰　余利娟

禹修改歌谣

大禹凿开龙门山，使黄河之水欢畅地流淌后，舜帝出面并带领众大臣同治水的河工们一道庆贺这一重大工程的圆满竣工。

震天动地的锣鼓声，在龙门瀑布上空滚动。那奔泻的瀑布犹如脱缰的野马。历经水害的黎民百姓，见归顺的黄河之水从龙门口中泻出，一个个喜笑颜开，欢歌笑语，呼喊之声如惊雷轰鸣，纷纷赞誉大禹的功绩。

舜帝见民众喜悦之情，大为震撼。他站在高高的土台上，手拉着大禹坐在自己的左侧，郑重宣布王命。

大王天下重用贤臣，大王天下拯救万民。
舜杀崇伯鲧为治水，杀父用子以顺天意。
委禹继父为大司空，治平洪水望成大业。

听了舜帝之言，大禹看出舜帝忧虑的心态。舜帝见民之势况，心有余悸，顾虑重重，怕大禹以民众拥戴情对他产生不利。

大禹呢，他时时牢记母亲的教诲，以天下民众之心为心，何惧个人得失。冤冤相报何时了。罢！罢！

听罢舜帝宣布的王命之后，大禹对舜帝说："王杀父用子，禹父债子还！愿与诸位情同手足，同心同德不负天下。"

庆贺的民众以及河工们对大禹的拥戴之情胜过舜帝。他们唱着颂禹的歌儿，歌声一浪高过一浪。

苍天有太阳，地上有禹王。
顺天治洪水，天向地也向。
禹王顺苍天，苍天顺禹王。
苍生共一语，同颂大禹王。

舜帝听了民众的歌唱，顿时脸红耳热。一旁的大禹察言观色，知舜帝对此不快之心，灵机一动，马上将民众唱的歌谣改唱过来。他亮开嗓门唱："苍天有太阳，地上有舜王。顺天治洪水，天向地也向。舜王顺苍天，苍天顺舜王。苍生共一语，同颂大舜王。"

大禹唱罢修改的歌谣，转身向舜帝拱手致意。此时，舜帝的面容从黑转红，慢慢转化成微红。舜也故作镇定的宽容之态。大禹呢，已从紧张心态慢慢放松下来。一场虚惊才就此过去。

作者：余　峰

大禹铸钟

人间为啥有钟呢？传说跟大禹王有关联。

大禹王有一天到天庭跟天神木比塔汇报治水平水患的事，听到天钟鸣响，悦耳动听。钟响之后，只见众神鱼贯而到灵霄宝殿聚会、参事、听旨、受封等。受此启迪，禹王返回人间后，就想造一口大钟，一是可以祭祀天神，二是彰显帝王的君威，可鸣钟召集各大臣议事、听旨。

怎么造钟呢？禹王左思右想，寻找不到入门之法，铸钟一事迟迟不能动工。

禹顺安邑都城旁的小河漫步沉思，忽然看见一群顽童在河滩上垒泥沙玩耍。一个孩童对准用泥石砌成的模具屙了一泡尿，然后用手使劲拍打后，再用树棍打洞洞玩。儿童游戏打开了禹王的天窗。他仿佛看见了天庭铸钟的模具，便拍手叫好："有了，有了。"他赓即返回宫里，把想法告诉百工。百工听了，颇感有理且能操作实施。于是，他们走到女娲炼石补天炉的工地上，用木做箱，填上黄沙泥土，夯实、筑牢，再按天庭的天钟模样做型，采来铜、铁矿石，放在女娲留存下来的天炉中冶炼，经过三天三夜的奋战，终于铸造出了一口理想的大钟。此钟铸成后，大禹在安邑城上特地修了一座钟楼，将钟挂在钟楼之上。击钟响彻几十里。群臣观之，齐赞神钟。击钟思治，乃警钟长鸣！

自打大禹铸成之后，凡间工匠都按大禹的方法铸钟，在铸钟时，都要沐浴三天戒荤吃素，向大禹敬香磕头，以求大禹护佑。

作者：何笔耕　余利娟

禹设九州

　　大禹治理天下水患，疏导九江，遇到了不少困难。特别是在治理黄河的时候，有个叫河伯的神出面阻挠。

　　大禹打开龙门山口，河伯就驱使水妖水怪，将向东奔流的黄河水阻截住，使河水转北而流，形成倒灌，造成灾害。

　　大禹挑灯夜战，想方设法要打通龙门山。正在大禹苦苦思索时，天神从昆仑山赶来，见此灾情，便让应龙帮助大禹。

　　应龙接受天神的命令后，飞向大禹帐下，请求大禹发号施令，为治水出力。

　　大禹对应龙说："黄河之水原本向东奔流，我要疏导，河伯却出面阻挠，他驱使水妖水怪作孽让河水倒灌晋陕大地。真是作孽呀！"

　　应龙道："治愈黄河，造福于民，匹夫有责。我应龙领天神旨意，尽我犬马之劳。"

　　应龙话一说完，腾空向西北飞去，他在空中俯视大地，甩起龙尾，使淹漠的晋陕大地的洪水顺着龙尾劈开的山川沟壑而流。

　　应龙帮助大禹治理黄河，龙尾摆动了九下，将大地山川分成了九大块，对大禹治理洪水起了很大的作用，使大禹知道治水的轻重缓急，要有理有序治理江河。

　　在应龙的帮助下，大禹很快平定了天下水患，疏通了各条大江大河。在他奠定夏根基之后，便划设九州，并以九数确定纳税等级。

　　九州是哪九州呢？即是冀、兖、青、徐、扬、荆、豫、梁、雍矣！

作者：何笔耕　余利娟

降丘宅土

大禹那个时代，正逢洪水泛滥，许多低坝的人群为躲避洪水，不得已只好扶老携幼将家搬向高一点的山丘之上。这一住就是许多年。

大禹治了天下洪水，把河水疏导到大江大海之后，平川大坝就显露了。如何利用好平川大坝来造福民众，大禹左思右想，时时发问："我该怎么做呢？我敬爱的天神。"

一天，他同巡察大臣稷走在渭河的平川大坝上，看见一望无垠的沃土却没人耕耘播种。禹十分心痛，他问稷："这是为何呀？"

稷答道："洪水引入大江大海后，平川大坝显露出来了，可没有人居住，没有人去开垦，荒芜然也。"

禹说："得设法让人居住、耕耘，让这平川大坝具有生气与活力。"

稷摊开双手说："有何办法呀？"

禹想了想说："何不降丘宅土呢！"

随行大臣百工接言："禹王之言极是。让居住在山丘高处的人家搬迁到平川大坝上来，何愁此地不能开垦，何愁此地没有活力。"

几经商议，大禹下定决心，让九州之官配合他派去的大臣们到高山之丘动员居家的人搬迁到平川大坝上来。

一位老翁的儿媳要迁居到平坝上来，而老翁死活不愿离开他久居的山丘。一家老少为此争吵不休，碰巧大禹来此，青年便请大禹评理。老翁说："山丘居住有个窝，可以遮风避雨。去到平川大坝，一家老少住哪儿呢？要兴家创业谈何容易。"

青年说："平坝上可重新建造房屋，住在那里方便垦荒造田，会有一个好收成。"

老翁则说:"洪水虽退,还可再泛滥。俗话说,人往高处走,水往低处流。这是祖上定的老规矩。"

大禹听了这家人家的争吵之言,意识到降丘宅土必须征得民众意愿,切不可强行。他对稷说:"民愿择重,随缘也。愿留丘者则留,愿搬者则搬。去平川大坝的人户,我仍可帮建房造屋。顺其自然也。"

伐木建房需要大片大片的林木。树木砍伐多了,山丘则秃。他见过一些伐了林木的山地因雨水造成山体滑坡,又生灾害。大禹苦苦思索,要寻好方法,减少过度砍伐林木。当他再次巡察到黄河中下游时,他同百工坐在一道土坎上,被一块裸露出的白石头刺痛了屁股。他低头看了看那坚硬的土坎,想到了汶川石纽山,他见过老人用竹夹板为一位腿折的妇人包夹治伤的情景,于是他对百工说用泥土筑墙,靠之以木,可以减少林木的砍伐。于是,他便同百工一起试验,用两厢木板作厢,中间填土夯实,果然土墙坚硬。此法一传,陕西、河南、山东一带纷纷流传。这些地区有专门用禹夹板夯土筑墙的民间匠人,以筑墙造屋而谋生计。

随着时间的推移,慢慢地,降丘宅土在中原形成了气候,平川大坝便出现了生气与活力。

作者:余 峰

禹鼎镇龙

大禹治水期间，古茂州的大山里有一条乌龙，经常在发洪灾时出来祸害当地百姓。它的尾巴一甩，能推平几座山；口一张，能吞食千百牛羊。这乌龙搞得古茂州百姓苦不堪言，于是不得不在洪涝来之前，给它献上牛群、羊群。听到此事，大禹便从天神那里借来九钉神耙，同乌龙大战，而妻子涂山氏则亲自擂响岷江边上的一面石鼓，为大禹助威，最终大禹战胜了乌龙。大禹用钉耙钉住乌龙，钉耙化作九顶山峰，使乌龙永世不能出来作孽。至今，茂州还有据说是当年涂山氏擂石鼓的地方，此地就在茂县石鼓乡境的岷江岸边，有一石洞状如鼓，故有石鼓之称。

九顶山又名九峰山，位于茂州前锋、南新东南。唐代诗人杜甫入蜀的时候，曾写过一首诗：

彝界荒山顶，蕃州积雪边。
筑城依白帝，转粟上青天。
蜀将分旗鼓，羌兵助井泉。
西戎背和好，杀气日相缠。

《大明一统志》载："……居人呼为九顶山，杜子美所咏西山是也。"《茂州志》载："州南四十里列鹅村，山有九峰，四时积雪，一名雪山，俗呼九顶山，昔人谓此为佛居。"所以，九顶山、九峰山之名，当有九峰之故。又，此山亦名九鼎山，有禹铸九鼎，以镇恶龙之说。

作者：陈晓华　刘林柱

大禹治水合时令

传说很久以前，洪水时常泛滥，只要稍微下点雨，水就成灾，淹没大片地方，淹死了不少人。

大禹的父亲带人去治水，他们四处筑些堤坝，想把洪水拦住。殊不知大水一来，堤坝都被冲垮了，洪水照常泛滥成灾。他活了一辈子也没把水治好。

大禹决心继承父业，把水治好。他认为他父亲那种治水办法要不得，只有疏通九河，让水流入大海，洪水才不得泛滥。他对民众说："治水是为自己和后辈儿孙造福的一件大事，不把水治好就没办法过日子。"大伙觉得他说得有道理，都愿听他的。大禹就带起民众疏通九河，一搞就是好多年。为了早点把水治好，他三回从屋门口过都没有回家看看。大禹的妻子叫禹娇，禹娇开始以为大禹变了心，就跑去找他。见他一天忙这忙那，确实没有时间陪她，才知道大禹没有变心，他心中装的是治水大业。

和大禹一起治水的人们也好多年没有回去，都想家了。他们找到大禹的妻子，哭哭啼啼地对她说："我们出来这么多年，屋头还有老父老母、妻子娃儿，你给大禹王说说，叫他放我们回去看看嘛。"大禹的妻子看到他们这样辛苦，离家多年确实也该回去看看家人，就悄悄把人支了些走。有人一叫苦，她又支走一些，一回又一回，先走的人还没回来，后头的人又走了。人慢慢少了，治水的活路就做不走了。

大禹晓得后，心想：这样下去什么时候才能把九河疏通呢？他觉得成年累月地做，气都不歇还是不行，就叫人做一段时间耍一天，开头耍齐头班，后首才耍蓑衣班。你耍一天，我耍一天，错开耍。殊不知，这样一耍弄得没个头绪了，大家耍时不成堆，想回家都回不成。大禹觉得还是不行，就把一年的时间按天气的冷热分成四份。不冷不热的天让年纪大点的做，热的天让中年人做，冷的天让年轻人做。这一来，治水的人耍的时间和做活路的时间都成堆了，耍的时间就回去和家里人团聚，做的时间就干得比原先卖力得多，活路做得比原先快。一年分成春夏秋冬四季，就是从那个时候开始的。

禹娇把治水中的一些人支走后，大禹很埋怨她。她出不到气，把大禹的二十四颗夜明珠翻了出来。那夜明珠，有红的、黄的、绿的和白的四种。她见水老是不消，就把二十四颗夜明珠全部拿出来照起，想把水晒枯了好做事。大禹见了，赶忙叫禹娇把夜明珠收回来。她不干。大禹对禹娇说："那二十四颗夜明珠是专管二十四个节气的。一颗管一个节气，半个月后又换第二颗。绿的六颗专管春季，头一颗拿来照那天就是立春，春天就开始了，之后依次是雨水、惊蛰、春分、清明、谷雨；红的六颗专管夏季，头一颗拿来照起那天就是立夏，夏天就开始了，之后依次是小满、芒种、夏至、小暑、大暑；黄的六颗专管秋季，头一颗拿来照那天就是立秋，秋天就开始了，之后依次是处暑、白露、秋分、寒露、霜降；白的六颗专管冬季，头一颗拿来照起那天就是立冬，冬天就开始了，之后依次是小雪、大雪、冬至、小寒、大寒。你这样一搞可不行，节气被你搞乱了。"

禹娇听了，赶忙把夜明珠收回来，照大禹说的做，再也不敢乱来。那天正好是夏至，二十四颗夜明珠一照，就把太阳引下了地。从那天起，天气就要热一段时间，白天也要慢慢变短。以后，每年到了这天，太阳都记到这样做，一直到现在。

作者：羌　然　刘林柱

九龙山名的传说

汶川三江潘达尔风景区里有一座高山，叫九龙山。自从风景区通了小火车后，到九龙山旅游的人络绎不绝。九龙山风光很美，春花秋叶、夏绿冬雪，四时风光，美不胜收。景区内奇岩如削，怪石嶙峋；溪涧纵横，峡谷幽深；流泉飞瀑，横挂山崖；依次相连的奇峰与峭壁，千姿百态；雄、奇、险、峻，鬼斧神工砍削的山峦异峰，各具特色。秋天，风景区山果飘香，红叶美艳，色彩斑斓，漫游其间，无不令游人赏心悦目！

九龙山山势雄伟，座座山峰蜿蜒连绵如苍龙，龙头高昂其山四周，其尾绵延至眉山县境。民间有"三江九龙抢八宝，宝掉眉山万阁老"的说法，说的是眉山县有一姓万的人家，因得了九龙抢的"宝"，其后人官至朝廷内阁丞相，年迈荣归故里，乡人尊称为万阁老。此为题外话。

九龙山名就其民间流传较为广泛的传说则是：传说很多年以前，大地上洪水泛滥。汤汤洪水方割，荡荡怀山襄陵，浩浩滔天，黎民百姓受尽其难。虽然以前也有人带领百姓修堤围堰治水，可始终收效甚微，大地上仍然洪水连年。天上玉皇大帝知道后，怜惜之心油然而生。他为了让大地上的黎民百姓不再受洪涝灾害，便决定给自己身边的护驾侍卫天猿委以重任，派他到大地上去帮助百姓治理洪水，造福黎民。

一天，天猿护驾玉帝到南天门前，他与玉帝在南天门观看大地上的洪水情况，看见被洪水淹没得只剩下西边的几个山巅，便问玉帝道："那露出水面最多的山是什么山？""那山就是岷山，是岷江之源。"玉帝说完接着又道："那个正在带领百姓围堰治水的人，名叫鲧。虽然他很努力也辛苦，可他治水的方法不对，收不到事半功倍的效果。你下去之后一定要改鲧围堰治水的办法为开山疏导治水。否则，治不了洪水，甚至连自己的性命都会送掉。"

数天以后，天猿领命化作一颗流星，趁着夜色横过天际，然后变成一颗五彩神珠，在岷江上游的汶山郡上空游移，寻找到鲧之妻修己，他要变成他们的儿子，替父治理洪水为天下百姓造福。这就是被后人尊称为"在外治水十三年，三过家门而不入"的治水英雄大禹。

大禹长大成人后，一天他来到汶川的三江一带视察岷江上游水情。当他来到一座高山之巅时，感到口干舌燥，便到湖泊边找水喝。且说这湖里早有九条龙相约在此等候大禹，想向他求封位，助他治水，为他建功立业。当大禹来到湖边用双手掬起水喝时，突然看见湖里有九条龙向他点头，意在向他求封。可大禹不知其意，没有思想准备，忽然看见九条龙同时向他点头哈腰，一时惊慌地将龙呼成蛇。

大禹一连喊了三声蛇，把一条条自命不凡的龙，竟然贬成了"虫"类（蛇）。为首的一条龙被气得当场卧地而死，在其北面化成一道山梁，状如俯之龙形，那里就是今天的卧龙关。

其余的龙见情况不妙，都纷纷逃离。有的逃到了平武县的青龙河，有的逃到了白龙池，有的逃到了九寨沟的藏龙海，有的逃到了松潘的黄龙寺。它们躲藏起来，怕求封其位不成，还反而被贬成"庶民"。传说其中有一条龙，因被贬为蛇，气累交加，最后热死在回归途中，即今天四姑娘山下的"热龙关"（亦称为日龙关）。

虽然这些都属传说，但《汶川县志》（民国志）记载，九龙山名来源于此确是事实。

作者：唐继秋　老　叟

天赦山

你问天赦山，妩媚草坡人都晓得从妩媚这里去耿达的山脉叫天赦山（天镜山），听说明末清初的地图上标有这个名字。

说起这道山脉，还有段神奇的故事。天赦山为何叫天镜山，还得从无住和尚云游此山说起。

传说大唐年间，有一活跃的净众保唐禅派，他们主张人性，主张平等，主张继承创新，在那时的佛教界很有影响力。武则天当皇帝后，极为崇尚佛教。她十分信佛，在皇宫中供养了神秀、智洗等佛教高僧。皇帝有三宫六院七十二妃。武则天做了皇帝，也想男妃。一天，她高兴了，就问供养在宫中的神秀等人："有欲否？"神秀等高僧面对女皇的提问，面面相觑，不敢正面回答，只好低头小声作答："无欲。"并且一个个不敢面对女皇。此时，一位十分自信、名叫智洗的和尚并没有随波逐流，而是抬起头挺起腰地看着女皇。武则天见此人的表现不卑不亢，定有他的想法，于是指名点姓问智洗和尚："有欲否？"智洗答："有欲！"

在场以神秀为代表的几个和尚听了，都为智洗捏了一把汗，暗想糟了，智洗闯下大祸了，一定没有好果子吃了。殊不知，事情并不像他们想象那样。女皇笑着继续问智洗："何得有欲？"智洗理直气壮地对女皇说："生就有欲，不生则无欲。"

武则天听了，顿觉此人实在，是个男人，敢讲真话，欲三藏皈依智洗和尚，而且对智洗倍加好感，并夸耀他。

智洗挺聪明，就顺着女皇之意，请求归乡。武则天听罢，准奏，并敕赐新翻《华严经》一部和绣像等物，还赐达摩祖师袈裟，对智洗和尚说："能禅师不来，此上代袈裟，亦奉和尚将归，永为供奉。"

智诜皈依回家，将女皇敕赐的袈裟传给了处寂，处寂传无相，无相传无住。这就是"木棉袈裟"的故事，故而成为禅门的一代佳话。

话分两头，故事中提及的无相和无住两位和尚，他们的佛道高深。唐玄宗入川特经身居宰相之位的杜鸿渐推荐，请出无相和尚主持修建成都府的大慈寺，为后人留下了宝贵的文化遗产。

无相是无住的师父，他们都在天谷山的盘龙寺居住修行。古蜀国望帝杜宇氏在"天谷"中心建立了"成都戴天"之国。听老人传言，天谷山的范围很大，草坡、耿达、银杏、映秀、漩口、水磨的山系都叫天谷山。李冰治水时，把漩口白云顶跟映秀的白岩所对峙的山叫天彭阁，又有说是天彭阙的。这大概是岷江之水天上来的缘故吧。早前的人都希望成仙上天，其山名都跟"天"靠拢，故而出现了许多叫法的山名。什么天谷山、天台山、天赦山、天苍山、天镜山的。不知这跟古代道教在内青城山的兴盛是否有关系。我不好说，只能让学者们去研究。在此，我把我所听过无住和尚云游天镜山的事给你们说说。

无住的师父无相和尚在成都弘佛做功课中，对无住说："缘何不入山去，久住何益？"无住听了师父的告诫，没入山，到了天苍山下的白岩修行。一天，他趁闲暇的时候，身着袈裟，拿起禅杖，到了草坡与耿达桥相连的山上云游，正是太阳当顶的时候，遇见一位头发过尺、胡须极长的中年男子，身披兽皮，手提木棍追捉一只野兔。那只野兔夺命奔跑，正好碰在无住和尚的腿杆上。你们晓得，无住是经过修炼的，野兔闯在他的腿杆上，犹如碰在石头上。野兔顿时给撞昏了。佛家人讲善心，无住和尚便躬身抱起野兔，爱怜而同情地抚摸野兔，口中默念着阿弥陀佛的经文，为野兔祈祷。

追赶野兔的中年汉子酷似野人。他追过来一见和尚，吓了一大跳，视他为追拿要犯的人，想撒腿逃跑。可野兔又对他太有吸引力了。他静观其变。无住见其人，也愣住了。但他立马明智过来，口念经文："阿弥陀佛！"

那个野人见和尚不是来抓他的，于是伸手抢夺无住和尚怀中的野兔。无住避开汉子的手，护着野兔说："善哉！善哉！"并问那汉子为何这般，酷似野人？

汉子便将他三年前偷牛、盗马、捉羊被官府通令捉拿之事讲给了无住听。他说官兵追到此山后，天降大雨，电闪雷鸣，只好收兵回营，不再追拿他了，让他躲在山中，自生自灭。而他就在山中住着，不敢与外界往来。偶尔碰见挖药人讨点盐巴和吃食活着。没有吃的就靠采野果，挖野菜，打些野兔、野鸡充饥，填饱肚子。过一天算一天，一晃就是三年了。

无住听罢那汉子的讲述，一下想起大禹护佑之说，抬头看看眼前的山势，明白此山乃"天禁山"矣，大禹王不准官兵入山追拿，乡人不准在此牧畜，于是劝那汉子改过从善，好好做人，随同他一起下山，过正常人的生活。

无住在草坡禅法，乡民都积极参与，听后劝解，什么过节都一一化解了。那汉子理去了长发，刮掉了胡须，一副英俊面目显露乡里。

自打无住禅法后，"天禁山"被呼成天镜山，因此山四周群山高耸，中间一圆形山包，平整如镜，黄草在阳光下会发出耀眼的金光。这便是天赦山被呼为天镜山的原因吧！

作者：余利娟　何笔耕

涂禹山

汶川县城南30公里处有座大山，叫涂禹山，"传禹所娶妻之山也"。又传是因禹娶涂山侯女，故称涂禹山。涂禹山原为古蜀山氏辖地，到明清时代瓦寺土司受皇帝加封赏赐，涂禹山成为索氏家族封地。其实，上溯到汶山郡之前，此地为涂山氏国或涂山侯的领地。古代氏族社会，各氏族部落皆有自己的图腾，涂山氏、纯狐氏、有苏氏等部落均属狐图腾族。可见其地的历史悠久。"5·12"汶川特大地震前，索氏官邸尚完好，震后仅存遗址。尽管如此，涂禹山与涂山女娇的故事仍在当地流传。

4000多年前，大禹的夏后氏部落在与洪水的斗争中，渐渐在岷山一带站住了脚，并成为一个善于治水的部落。大禹成为夏后氏部落的酋长，忙于治理洪水，30岁尚未婚配。

一日，大禹从岷江上流辗转来到涂禹山，劈山导江。"左准绳，右规矩""随山刊木""疏川导滞"，根治水患，拯救生灵。

一天，女娇见外出治水的大禹久久不归，便率一群猪崽，随她到威州帮助大禹治水。后被大禹无意中识破，女娇羞于见夫婿，领着小猪崽们化成一阵疾风而去。待大禹明白追至绵虒附近时，看见前面突然出现一座大山。大禹感到奇怪，问路上行人，才知道这座大山是被一阵仙风吹来的。大禹细观山形，宛若一头正在奋力拱山的大猪，顿时痛哭不已。

但也有传说大禹娶九尾白狐所化的涂山氏女娇为妻，女娇后来为大禹生下了儿子启，启精明强干。《山海经》道，"有狐九尾，德至乃来"，九尾狐又变成了品格高尚的依托。此外，九尾狐还象征子孙繁息。《吴越春秋》记述大禹为了治水，三十而未婚，行至涂山时，遇到一只九尾白狐，并且听到涂山人祝福的歌声："大大的白狐啊，九条尾巴长又长。愿你早日结婚吧，子子孙孙永繁昌。"于是，大禹便与这九尾白狐成婚，后来便有了启，启又建立了夏朝，果然出现了"子子孙孙永繁昌"的景象。

据传，涂山女娇仪容秀美，生性娴雅，是当地有名的美女，助大禹治理洪水，缩短了两个部落间的距离。因为治水既有利于上游的夏禹等部落，也造福于涂山氏国。大禹与女娇也因治水工程而频繁交往，共商治水和安邦定国大计。人非草木，孰能无情，两人你来我往，不知不觉间就产生了爱慕之情。大禹觉得女娇不仅貌美如花，而且心地善良，是理家治国的巾帼。女娇也感到大禹胸怀韬略，是当世英雄。二人早已心生爱慕，大禹遂向涂山氏求婚，就此写下了一段闪耀史册的爱情传奇。婚后，女娇生子的故事则更为神奇。传女娇跑到嵩山之下，力竭而止化成了一块大石。大禹心急如焚。大禹的部属闻讯赶来，也都十分唏嘘。细心的伯益发现，女娇的石像中传来空洞的声音，原来女娇已经怀孕了。大禹见母子俱化为石，更是悲痛不已，他对石头喊道："还我儿子。"石像的肚腹应声开启，一个男婴就此降临人世。启石而生，天赋异禀，他的名字便叫"启"。

涂山女娇与大禹的民间传说不少，许多都带有神话色彩。如嵊州境内有一山，后人称为余粮山。山上草木葱茏，山花烂漫，花木中夹杂着不少形如馒头的石块，里面均是黄色粉末，人称石馒头，也叫禹余粮，是一种药材。典故说的是禹疏剡溪，劈山一角，其妻女娇送一篮馒头至此犒劳，上山不见大禹身影，只见一猛兽用粗长鼻子为锤捅大山一角。女娇大惊，竹篮松手，篮中馒头散落四周，天长年久，变成石馒头。所以现在这山就叫余粮山，而女娇翻越的那座岭就叫余粮岭。

作者：白　丁　邹士洁

禹岭三说

一、禹背岭

史书记载大禹十六岁开始治水一直治到三十多岁，把一生中最宝贵的青春奉献给了治水大业，汶山郡（今威州一带）便是他第一次带领百姓治水成功的地方。传说很多年以前，威州根本不是现在这个样儿，那时的玉垒山与羊龙山是连在一起的，威州就像一口大锣锅，锅底积水成湖。风和日丽时湖面平如明镜，四周山峦倒映湖面，风光旖旎无比。可一到上游雨季，山洪暴发，洪水猛涨，原本美丽的威州湖立刻翻江倒海一般，危害无穷。这就是人们传说中的威州海子。

那是一年夏季，岷江上游连降暴雨，洪水猛涨，汹涌咆哮的岷江洪峰到达现在的威州的时候，被大山挡住了，猛涨的洪水淹没庄稼和农田，旋转翻涌的浪涛卷没茅屋农舍。大禹站在古城坪上看到后，心里十分着急。当时他父亲鲧带着人们到上游更远的地方治水去了，如不采取紧急措施，将挡住洪水出口的那座矮山搬开，让洪水顺流而下，东归大海，村民的生命财产将受到威胁。

于是，他来到江边，将手中的开山斧一扔，把捆在腰间的绣花织带紧了紧，然后昂首挺胸地甩开两臂向着东方深深地吸了一口气，便倒背着两只粗大有力的手紧紧抓住突兀的岩石，以迅雷不及掩耳之势使劲往上一提。突听"轰隆"一声巨响，犹如天柱折了一般，顿时尘埃遮天蔽日，江水奔腾一泻千里，直奔大海而去。待尘埃散尽，人们才看见那挡住洪水的矮山已被大禹背到岷江右岸的羊龙山巅上，原先的那个山峦变成了山岭。从此，羊龙山坳的那座山岭，人们就称它为"禹背岭"了。

二、禹碑岭

相传大禹与涂山氏结婚后不久，一场洪水把威州城冲毁了，威州人民苦不堪言。大禹为了拯救灾民，立即率领西羌人民治理水患。由于夜以继日地劳作，大禹积劳成疾不久就病倒了。涂山氏见了十分着急。她想：若不赶在上游雨季来临之前疏通岷江，那将会水患无穷，百姓也会更加受苦受难。于是她让大禹在家休息，自己带领民工治理水患。民工们回家休息了，她又将横笛一吹，天庭里一群神猪立刻赶来与她一道拱山……

通过一段时间的休养，大禹身体一天天地好起来。一天晚上，大禹见爱妻迟迟没有回家，就来到威州江边看，工地上一个人也没有，只见一头大猪带着一群小猪在使劲地拱山，却不见自己心爱的妻子。于是，他便大声地呼喊起来。涂山氏突然听到大禹在喊她，立刻变成人形来到大禹的身边。大禹见满身泥水的涂山氏心疼地说："爱妻怎么这么晚还不归家呢？身体要紧啊！"涂山氏听了有些惊慌地答道："我的身体好着呢！"说完又问道，"禹王，你看见什么了吗？"

"我只看见一头大猪带着一群小猪在拼命地拱山，不知怎么一下子都不见了。"大禹回答。涂山氏听了顿时满脸通红，停了片刻长长地叹了口气，自言自语："唉！我哪还有脸见他（大禹）呢！"于是，涂山氏双手捂着脸领着一群神猪化作一阵疾风而去……大禹见爱妻随一阵疾风而去，便拼命地追呀追，一直追到绵虒（今玉龙一带）附近，见前面突然出现一座大山，感到十分奇怪，忙问路边一位白发老翁，才知道此山是被一阵风吹来的，其形状如一头正在奋力拱山的大猪，顿时明白自己的妻子乃是天王木比塔的小女儿珠珠（神猪），下凡变作仙女嫁给他帮着治理江河水患的，于是哭着说："爱妻啊！是我害了您呀！等我治好了九州水患，一定来此陪伴您啊！"

后来人们为了记住大禹与涂山氏治水的功绩，就在羊龙山坳上修了一座石碑，并在石碑周围栽了一些树木。其中一棵起初与碑尚有一段距离，没想到这棵树好像理解人民的感情似的，除了为碑遮光挡雨、抵风防沙外，还慢慢地把石碑包进自己的腹里，彻底地把石碑保护起来（此碑与树在"文化大革命"期间毁坏，仅存照片）。由于岭上建有禹王纪念碑，所以人们又称此山岭为"禹碑岭"。

三、禹别岭

禹劳身焦思，居外十三年，三过家门而不入的治水业绩家喻户晓。然而，禹与涂山氏新婚只过了四天，第五天就别离出外治理江河水患的故事却鲜为人知！

《诗·商颂·长发》云："洪水芒芒，禹敷下土方……"为拯救百姓出苦海，他勇敢地挑起重担，新婚四天就毅然离家带领千万人民顺岷江而下出门治水，经过十三年的浴血奋战，终于治服洪水，使天下九州国泰民安。

却说这涂山氏自那日送禹到羊龙山坳与禹别后，一个人在家好不孤单，便常常将横笛吹奏唤来天庭里的神猪幻化成漂亮的舞者，一个个头戴翠羽流苏，身披五色轻软玄裙，拈锦带，踏音节，轻歌曼舞，婉转柔美。涂山氏确确实实地开心过一阵子。可时间一长就免不了勾起情思，想起与禹新婚时的快乐时光。那夜她更衣洗浴之后，与禹倚肩并坐，凭窗远眺，室内风摇烛影，月映窗棂；远处，淡淡银河微亮，两情脉脉，无限心曲，尽在不言中，好不温馨快活。尤其想起与禹婚前，她常在古城坪上，同禹探讨治理洪水的方法；夜来头上灿灿银河横陈天际，月光下他俩悄声细语："在天愿作比翼鸟，在地愿为连理枝，生生世世共为夫妻，永不相弃，有渝此盟，双星鉴之。"那时的她如痴如醉，飘然若仙。

金鸡飞，玉兔走，一晃又过了几年。涂山氏在家夜夜思禹不见禹归来，常常潸然泪下。说是嫁与禹协助治水，却不能伴禹行，温不暖禹床，夜夜苦叹息。尤其秋雨敲窗，一点一滴又一声，一声一滴又一点，萧瑟风声，淅沥雨声，和着檐前银铛铃声，高响低鸣，仿如隔山诉说，凄苦悲凉。"天长地久有时尽，思禹绵绵无绝期。"她苦自叹息。一次次她不知不觉地来到与禹别离的地方，睹物思人，泪落纷纷。真是："树上坠落英，枕上湿泪痕；落英层层积，泪痕旧复新；旧痕凝旧痕，盼禹禹不归。"

此刻的涂山氏是多么想念禹治水成功早日归来，可盼了一天又一天，一年又一年，望穿双眼亦不见禹归来……

六月午后的太阳，阳光火辣辣的刺眼。又是一天黄昏，涂山氏比以往在羊龙山坳里徜徉的时间长，不知不觉又往前走了很远，爬了很多山路，可这羊龙山实在是高哦！山上树木丰茂，青松古柏遮天蔽日，挡住了她的视线。"前面的山再矮一点，山巅的树再少一点，让我看看禹治好的江河湖泊，那该多好啊！"涂山氏在心里想着便自言自语起来。没想到她的话音刚落，她面前的大山竟一座比一座地矮了下去，山巅的树木也噼噼啪啪地倒的倒断的断，她原先站立的山坳顿时变成了举目千里的山岭。这就是今天人们习称的"禹别岭"的来历。

作者：陈一丁　邹士洁

银龟包与大禹营寨

《史记》记载："禹兴于西羌。"传说大禹在茂县长大成人，那时，岷江年年洪水泛滥，致使下游人民不敢居于水边，这就是羌人总是居住在高半山地区的主要原因。大禹当时所处地方是古蜀西北岷江上游茂州营盘山地域，看见家乡人们饱受洪灾的影响，特别是过岷江困难重重，大禹终日苦思治水之策。大禹的家在河东岸的石纽，他到处打听岷江泛滥成灾的原因，终于弄清了原因：原来是河西岸有巨蛇，每天到江中戏水，致使岷江洪水滔天，只要制服了巨蛇，岷江水就能平静下来。可是那些去制服巨蛇的人往往还没有到岷江对岸就被巨蛇搅起的洪水淹死了。巨蛇成为羌人的心腹之患。

大禹家乡石纽有一面宽七七四十九丈的白色石鼓，人们平时议事谈天都坐在这面石鼓上。大禹每次思考治水之策时也坐在这面石鼓上，当他观察岷江四季水情变化时就在石鼓上用刀刻，久之，石鼓上面刻满了治水图。这面石鼓长期受天地精华的洗练，自从背上有了大禹的治水图后，也就有了人的智慧。突然有一天，石鼓集天、地、人三者的精华，一下就有了生命。它先变出头来，然后又变出四肢。它想站起来，可是无奈身子还是个石鼓，站不起来，然后它就想法变身子，可是大禹在它背上刻满了治水图，它的身子能变，治水图却变不了。情急之下，它只好将就治水图，将身子变成一个龟背。石鼓就变成了一只白石银龟，然后往岷江爬去。现在人们还能在乌龟背上看到当年大禹刻的治水图呢。

第二天，大家发现石鼓不见了，到处寻找。最急的是大禹，因为石鼓背上有他的治水图。治水图不见了，他今后怎么治水啊！大禹立即顺着地上的印迹去追赶石鼓，终于在水边看见了正爬的石鼓已经变成一只巨大的银龟。银龟看见大禹追上来了，爬得更快了。大禹在后面一边追，一边喊"停下"。当银龟到达江边时，大禹也追上来了。银龟立即跳进江中，大禹见银龟背上刻着自己的治水图，立即也跟着跳到银龟的背上。银龟一进入水中便拼命地向对岸划去，可它一点也不知道对岸巨蛇正等着它呢。大禹迎着岷江滔天巨浪站在龟背上，快要到达对岸时，巨蛇突然掀起巨浪，和银龟厮杀起来。龟蛇相争历来是龟不如蛇，银龟被巨蛇咬得遍体鳞伤，便急忙将头缩进肚皮里去。巨蛇无别的办法，只得对着龟背猛咬，龟背被它啃掉了小半块，其中一部分治水图也就吃进了巨蛇的肚子里。大禹眼见治水图进了巨蛇肚里，顿时大怒，和巨蛇大战起来。经过七天七夜恶战，终于制服了巨蛇。大禹将巨蛇拴在河西岸神树上，让它交出治水图。巨蛇交不出来，乞求大禹放了它，它愿意帮大禹治水。随后，巨蛇竟蜕皮，变成了一条黄龙。从此以后，大禹驾着黄龙，在黄龙的帮助下，终于制服了洪水。

银龟被巨蛇啃坏龟背后，失了神气，死在水边，变成了一个大土包——银龟包。银龟包现在就在茂县水西村。传说大禹过河后就在银龟包上安营扎寨，引导人们治理洪水，从此岷江洪水得到治理，因此银龟包又被人们叫作大禹寨。据专家考证，银龟包属营盘山遗址范围，考古学家现在在银龟包还挖出了石锛、石刀、石斧等工具，说明旧时这里是一个繁荣的部落遗址，大禹长于西羌也留下了许多治水的遗迹。据说，银龟包上现在还能看到当年大禹率领人们驻扎时留下的营盘、房基、墓葬等遗址。

而巨蛇蜕变成黄龙后，蛇皮也变成了一道巨大的山梁，因为山梁色如黄铜，所以被人们叫作铜蛇梁子，现在铜蛇梁子就在银龟包旁边。

据《松潘县志》记载："禹治水至茂州，黄龙负舟，助禹导水"，与此传说也基本吻合。

作者：羌　然　唐继秋

酸菜炖岷鱼

传说大禹治理岷江水患的时候，汶山郡所辖的汶江县（今茂县）、广柔县（今理县薛城，后迁治绵虒大邑坪）、汶川县等境内暴雨成灾，百姓流离失所，粮食十分金贵。人们便以草根树皮为食，用野菜果腹也属常事。他们把野菜煮得半熟，装在陶缸里，携带着躲避灾荒岁月。虽然菜味变酸，但却别有一番滋味。待洪水消散，这种"便携式"的"酸菜"，便悄无声息地在民间流传开来，并代代沿袭。慢慢地在传承的过程中，人们不单以酸菜充饥，而且也将其用作烹制其他食物的配料，让此物成了汶山郡所辖百姓不可离弃的食物。平心而论，昔日的"酸菜"原始粗粝，无油无盐确实难以下咽。但山地物产匮乏，百姓们实乃不得已而为之。为了生存活命，几乎将酸菜当成半年粮。故而汶山郡辖的百姓们有句俗话叫"米缸面缸，不如菜缸"。

随着岁月的流逝，时间的推移，昔日广柔，今日汶川。羌民们渐渐把"渍酸菜"和"食酸菜"演绎成了一种民间习俗。最普通的"酸菜汤玉米面""酸菜洋芋玉米饭"和"酸菜面条""酸菜搅团"，不知流传了多少个冬去春来，成了山寨百姓的所爱。说稀奇也不稀奇，从来不登大雅之堂的羌人专用食品——"酸菜"，竟在一次偶然之中脱颖而出，受到人们的青睐。

传说舜把手下的大臣找到身边，对他们说："各位大臣，如今水患当头，黎民百姓受尽了苦难，必须把这大水治住，你们看谁能来当此大任呢？"

群臣和各部落的首领都推举大禹。舜采纳了大家的意见，同意大禹担此治水重任，继承其父崇伯鲧的大司空职务。舜想：都说大禹十岁成人，身高九尺二寸，聪明才智过人，就是素未谋面。为了治水大业，我得亲自找到大禹，委以重任。

于是，舜王一路西寻，终于来到汶山郡辖的广柔县境。正在这时，崇伯鲧的老部下巢父先一步来到大禹的身边，并将鲧不希望大禹继承治水的遗言转告大禹，接着又说："舜王已追寻你来了，舜王追你是要委以重任，又是去治水，依我看来，是凶多吉少，还是快躲吧！"说完，巢父急忙拿出崇伯鲧写给大禹的遗书，飞快地交到大禹的手中。大禹放好遗书后，舜王派遣寻找大禹的巢云（巢父的弟弟）已来到了大禹的身边。

大禹此刻躲是躲不了了，再说大禹也没有想躲。于是，在岷江岸边的一家草棚饭店里，巢云和大禹跪拜了舜王。舜王走上前，双手扶起大禹，二人四目相对。舜王突然朗声发问："你敢应杀你父的大王之召？"

大禹也朗声反问道："大王敢召一个与王有杀父之仇的后生？"

舜王惊喜地望着身材魁梧的大禹，笑颜回声说："舜是寻召栋梁为天下苍生治水救难，并不想与王有没有杀父之仇。"

大禹也笑着回答："禹是应召，也并不去想你曾是杀禹父之人。"

舜王又严厉地说道："舜曾把崇伯鲧极刑羽山。"

大禹悲痛地说："禹沉痛哀悼治水十载而祸及自身的先父。"

舜王想了想又发问："禹不畏王？"

大禹抬起泪眼说："大王不畏禹？"

舜王和蔼地说："王也是人。"

大禹说："禹如大王所言，在无畏里挣扎求生。"

舜王严厉地说："舜召禹是为了治水。"

大禹坚定地说："先父是治水的阶梯。"

舜王怀疑地问："你是说昔日大司空崇伯鲧治水？"

大禹肯定地回答："败在逆天地之道。"

舜王松了一口气说："禹的治水之道是什么？"

大禹回答："在顺天地之道中寻找。"

舜王又道："舜因治水杀其父。"

大禹即回答："大王因治水用其子。"

舜王点头含笑问："你果应召治水？"

大禹坚定不移地回答："父债子还，为拯救天下苍生，前面是什么样的艰难道路在所不辞。"

舜王接见大禹，一番对话使他非常满意，重赏了巢云寻禹有功。说完，突感腹中饥饿难耐，就对大禹说："舜翻山越岭寻你，腹中正唱空城计。眼下，天也快黑了，你叫掌柜给我们煮点吃食吧！"

大禹听了回道："广柔地瘠民贫，物类不丰，没有好酒好菜款待舜王，唯有玉米、酸菜不缺，待我亲自下厨为舜王做几样小吃，以解舜王疲乏和饥饿。"

那时节，广柔百姓吃食"酸菜"已极普通。家家都置办有一个土陶缸或楠木圆桶，用以贮存"酸菜"，就连县衙的官厨里也常备着一大缸连汤带水的"酸菜"，以供食用。

大禹进到饭店后厨，问掌柜有无岷鱼和酸菜？掌柜回道："有，都有。"于是，大禹在后厨一阵忙碌后，很快就将酸菜搅团端上了桌。舜王一边品尝，一边赞扬大禹的厨艺不错。巢云听到舜王的赞语后，说："舜王啊，我知道大禹还有一道拿手菜，那才叫绝。"舜王问："是什么菜，快端出来让我品一品呀？"巢云给旁边的侍者使了个眼色，侍者赶忙跑进厨房问："大禹，红烧岷江鱼好了没有？"厨房火燎烟熏。大禹满头油汗，正在昏黄摇曳的桐油灯盏下烹一味"酸菜炖岷鱼"的拿手菜。他听见侍者催菜，忙向灶前烧火的下人说："火猛点。"伙夫一听要急火，便猛往灶膛里添柴，但因火太猛，片刻间竟将锅中的原汤原汁几乎煎干。大禹听得锅内嗞嗞作响，情急之下，朦胧之中，便随手揭开身后的缸盖，舀了半瓢流汁倾倒入锅。一阵雾气蒸腾之后，大禹方才发现，他把木瓢伸到了酸菜缸里，误将酸汤当成了清水。正欲倒掉重做，谁知传菜侍者又在连声催促："快上酸菜炖岷鱼。舜王急着要吃呢！"大禹无奈，只得起锅装碗，送上席桌。

大禹心怀忐忑，只恐因此而被舜王指责，丢丑不说，还会让舜王觉得他的厨艺不怎么样。孰知"塞翁失马，福祸相依"。舜王举箸拈起一块鱼肉送入口中，只感觉味道美妙无比，尝所未尝，不禁向大禹问道："此菜可有名字？"大禹说："菜名还没想好。"舜王闻言道："不如就叫它'酸菜炖岷鱼'。"大家听了都说这个菜名舜王起得好。于是，舜王颔首微笑，说："余下的菜肴犒赏大禹。"

大禹万万没有想到自己一时之误，还得到舜王赏赐，喜出望外。待舜王吃过之后，大禹在撤下来的"酸菜炖岷鱼"里，找了一块尝了尝，嗨，味道还真不错。从此，广柔县的"酸菜"登堂入室，更加有了名气。

当然，这只是传说而已。不过，广柔（今之汶川）羌区酸菜不离口却是事实。酸菜不再仅仅是老祖宗们为了果腹的一味粗菜，而是人人喜欢、家家必备之物。衍成风俗，形成气候，乃至汶川一些羌族村寨百姓产生出三日不吃酸菜，顿生劳肠寡肚的感觉。"酸菜"进而进入了一个广泛的地域性饮食空间。通过不断地摸索、实践，继之研发、创造出了许许多多、形形色色的酸菜系列食品，传承后世。

说到"酸菜炖岷鱼"，是不是大禹发明的，这不重要。重要的是发挥"酸菜炖岷鱼"的特长，发扬光大其技艺，又成功地做出了"酸菜炖鲢鱼""酸菜老鸭汤"等，成为羌族地区的风味美食。特别是在今天的羌寨，酸菜与豆芽的结合本身就有一种非常微妙的好味道。如"酸菜豆芽拌饭""酸菜豆芽粉条汤"等，都已成为羌族村寨的名特小吃。

作者：唐继秋　老　叟

五色馍

"五色馍馍香酥酥，大禹恩情永不忘。大禹治水教农耕，修渠引水浇农田。五谷杂粮好收成，年年丰收有保障。五色馍馍敬禹王，敬呀嘛敬禹王。"这是逢年过节时，羌家人民最爱唱的山歌。

为啥呢？据传那是大禹凿雁门时，他与涂山氏女娇结婚不久，便手拿"三江九水图"踏勘岷江，决心弄清山川水情。他时而展图察察看看，时而又在图上圈圈点点，把个岷江上上下下、左左右右细细查遍。当他来到周仓坪与凤毛坪一带时，晴朗的天空突然乌云滚滚，雷鸣电闪，瓢泼大雨倾盆而下，大小河流洪水暴涨。大禹站在滔滔洪水面前，看见洪峰呼啸着吞村噬田，扫荡着敢于阻挡它的一切。江河流域洪水猛涨。岷江河水回旋，横流成灾。民众遭受洪水灾害，呼爹喊娘，扶老携幼，直向高山高坎逃命。

大禹见此，尽管自己累得眼冒金星，但他还是为民奔跑在风雨之中。洪水在上涨，洪峰在咆哮。大禹的身子在奔跑中剧烈摇晃。他穿过文镇，蹚过青坡，见前面的大雁山与布瓦交错得仅留下"一线天"的宽度，山势威峨，挡住了滔滔洪水的去路，使岷江积水成海，洪水滔天，浩浩荡荡，淹没山丘。

就在这时，有九条神龙从天而降，想替大禹治水效力。九条神龙来到雁门山谷，看见大禹，忙叩头礼拜。大禹不知九龙来意，误神龙为蛇，连说三声："蛇！蛇！蛇！"为首一龙听见自己被谪称虫类，立刻飞走，跌落一山冈后卧地而死。死去的龙所卧之地就是今天的卧龙。而它身后的八条龙见状，都怕谪封，便掉头各奔东西了。黄龙当时正在卧龙身后，它受惊回跑，一直跑到岷江源头，腾飞在雪宝鼎的上空，蓄意发起怒火，对大禹进行报复。待大禹醒悟以后，才知弄错了。误出言辞，有损九龙好意相助。他只好自己亲自动手治水。

　　大禹治水时，遇上了一只独角兽掀波涌浪，不可一世。大禹挥动太极寻向独角兽打去，制服了它。大禹骑上独角兽，手持神斧，劈开一道道堤埂，使汹涌的洪水暂时消去，从而为后续治水赢得了有利时机。

　　通过顽强的奋斗，大禹浑身伤痕。涂山氏女娇看了心痛无比，流着眼泪为大禹疗伤，突然想起老母亲的乾坤带来。如果大禹得了乾坤带，治服洪水就能事半功倍。于是涂山氏娇决定向母亲讨要乾坤带。当她欲要开口时，老母亲端来了一碗五色馍要给大禹吃，并对涂山氏女娇说："大禹吃了此馍会增添阳刚之气，更有利于他治服洪水。伏羲、女娲造人烟，创造了太极图，人世间的所有活动都受太极影响。治水就是治阴。阳气旺盛，阴气可服。以阳克刚，阴阳平衡，治水莫焉。太极原理永恒。一生二，二生三，三生万物，乃阴阳之道也。五色馍，取五之阳数之意，可补阳气。一、三、五、七、九为阳数，二、四、六、八、十为阴数。其五在中，可为中和也。五色之中有阳色，也有阴色。五色馍采用甜荞、苦荞、红豆泥、绿豆泥、山药粉等混合而成，可谓融阴阳于一体，这样的食物必有助人之本。大禹吃了不就有降服天下洪水之力了吗？"涂山氏女娇想到老母亲的良苦用心，极力劝大禹多食。大禹吃了五色馍后，继续治理雁门水患。从此，羌寨人们都有做五色馍的习惯，以此怀念大禹的公德。不过，现今做的五色馍都采用五谷杂粮了，色彩也更加鲜亮了。

作者：余　峰

荞 面

大禹率真领治河大军浩浩荡荡地开往"日补坝",准备治理因地震而形成的茂县堰塞湖。

那堰塞湖波光粼粼,浩瀚无比。怎么安置这么多治河民工呢?大禹十分犯愁。

有道是兵马未到,粮草先行。大禹抚摸着脑袋,苦苦地思索着。河工们驻扎在哪儿呢?一片汪洋呀!他为寻找安营扎寨的地方犯愁。东瞧西看,他终于找到了山沟旁的一处高地。那高地紧靠山沟,沟里全是盛开的荞花,红的似火,白的如雪。红的是甜荞花,白的是苦荞花。整个山沟是花的海洋,景色十分优美。大禹看后便决定将大批河工安置在这块高地上,作为治河大军安营扎寨的大本营,人称营盘山。

河工们驻扎在这里,心情格外舒畅。好的环境,可以激发人的斗志。有了斗志,治河大军不分昼夜干劲冲天,白加黑,连轴转,很快打通了崩塌的山梁,使湖水顺江而流了。

堰塞湖通了。那满沟的荞花已经结籽了。正如歌里所唱:"九月荞花红艳艳,荞花结籽尖又尖。破开房屋三匹瓦,白胡子老道住里边。"

荞麦从开花到结籽仅四十多天,收获特快,是一种早熟的庄稼。治河人十分喜爱这种庄稼,趁着秋阳,忙把结籽的果实收起来,晾干破碎。破碎成了一个难题,怎么办呢?大禹就同河工们一起想办法,用石头打成石碾,套上牯牛拖着石碾,碾碎荞籽,隔开荞壳,筛出面粉,然后做成可口的荞面或香酥酥的荞角果。当人们吃着荞面,啃着香酥酥的荞角果,就会忆起大禹率真领河工治理堰塞湖驻扎营盘山和采收加工荞面的那条沟来。

作者:余 峰 余利娟

荞角果

"九月荞花红艳艳，荞花结籽尖又尖。破开房屋三匹瓦，白胡子老道住里边。"小朋友在寨房顶上做拍手游戏，边跳边唱这支动听的歌谣，享受着九月秋收时节的快意。

一曲唱完又是一曲古老的童谣在蓝天白云下回荡："荞翻山，麦倒拐，玉麦馍馍三大块。荞角包菜香酥酥，猪油顺着嘴巴子流，咿呀哟呼嗨！娃娃笑颜开，笑呀嘛笑颜开。"

童谣中所唱的"荞角包菜香酥酥"的荞角，就是羌人做的荞饺或曰"荞角果"。

说起荞角果，还与大禹王有着密切的关联呢！

相传大禹小的时候在九龙山跟山神学武艺。一天，大禹舞弄山神的神锤，操练流星揽月的招式，累得满头大汗，晕俯在遇仙台前。一只憨厚的老熊游走到大禹身旁，见他踡蹲在地，便俯下身子，从头部闻到脚下。老熊感到不妙。大禹饿了，大禹饿极了。怎么办呢？老熊焦急地跑到山神爷那里禀告。

山神爷听了老熊的禀告，也感到事情非同小可，怕天神木比塔怪罪，对其不利。于是，山神念动咒语，调动九龙山所有的老熊为大禹寻找食物，以解决大禹饥饿。

老熊从九龙山的树林里弄来了八月瓜、猫屎瓜、山地瓜等野瓜让大禹充饥，使他恢复了练武的精气神。

俗话说："饥不择食。"大禹吃了老熊们弄来的野瓜后，有了精神。他从地上爬起来，扭了扭身子，又操练起十八般兵器。一天天，一月月，大禹的武艺愈加纯熟。山神看在眼里，喜在心头，看到精彩处，不断拍手叫好，并对大禹说："你可以下山了，回去看看你母亲。她可想你了！"

大禹谢过山神，唱着山歌回到了母亲的身边。他看见母亲病卧在床，一下眼泪盈眶，心痛地对母亲说："孩儿给你蒸一锅别有风味的荞角果吧！"

大禹把荞面拌湿，将山葱、野韭菜洗净切碎，拌上野猪肉末，再加上一些香料，做成心子，然后用拌好的荞面包裹成两头尖中间粗的船形状后，放到锅里蒸熟。

大禹将蒸熟的荞角果双手端到母亲的身边，让母亲品尝。

母亲吃着大禹做的荞角果，心里甜丝丝的，有说不出的高兴。大禹便笑着问："这东西好吃吗？"

"好吃，味道挺香的。你是怎么做出来的？"

大禹拉着母亲的手说："娘啊！我在九龙山上习武的时候，吃了老熊弄来的八月瓜、猫屎瓜，心里顿生灵感，于是就试做了这荞角果，以此孝敬母亲。"

亲为亲，邻为邻。许多乡亲听说似氏女病卧在床，纷纷前来探望，嘘寒问暖。

乡亲邻里的热情关怀，犹如寒冬里涌出的暖流，深深地打动了似氏女母子俩。

似氏女拉着前来看她的大妈说："禹做了一些荞角果，可好吃了，你们也尝尝吧！好东西应让大家分享。"

乡亲们品尝了大禹做的荞角果，一致称赞，并向他请教做法。大禹毫不保留地介绍了荞角果的制作方法。于是，荞角果便在石纽山传开了。每年荞麦收入归仓后，羌家都习惯做荞角果，故而荞角果的童谣从远古一直传唱到今天。

作者：余　峰

后 记

禹是夏朝的第一位天子，后人称为夏禹或大禹；他卓著的功绩，不仅在于治理洪水、发展生产、使人民安居乐业，更重要的是在他的带领下，结束了中国原始社会部落联盟的社会组织形态，创造了"国家"这一新型的社会政治形态。夏禹完成了国家的建立，用阶级代替原始社会，以文明社会代替野蛮社会，奠定了中国帝王历史沿革的发展。

在中国古代传说时代，大禹是与伏羲、黄帝比肩的贤圣帝王；如今，他是为中华民族的历史发展做出了大贡献的伟大历史人物。阿坝藏族羌族自治州拥有大量的大禹遗址遗迹，特别是汶川，作为大禹出生的圣地，是名副其实的大禹故里。

本书调查工作以大禹出生地的汶川为圆心，以大禹足迹为半径，对大禹历史文化和禹迹遗址进行系统、全面的整理、收集、统计，对开发大禹文化、传承大禹精神、推动中华文明乃至世界文明都具有标本性意义。

大禹文化博大精深，已有数千年的历史，并形成了积淀丰富的庙祠文化、碑石文化、治水文化等，同时在山名、洞名、池名、地名中流传下了许多逸闻趣事、历史典故与传说，揭示了大禹文化遗址遗迹所蕴含的个性化、多样化等深刻内涵。

经过调查组的梳理，本次调查搜集整理了阿坝藏族羌族自治州117处大禹文化遗址遗迹，这是一笔宝贵的文化财富，是高质量发展的坚实基础，更是推动城市文明的一种稀缺资源，且从中不难发现大禹文化恰是阿坝人民的集体记忆，见证了阿坝藏族羌族自治州特别是汶川县城市的历史文明，是城市历史进步的一种延续，像是一条纽带，将汶川的过去、现在和将来串联，使得汶川的历史文化、民族特色得以永续。而且，从收集整理的大禹文化遗址遗迹中也能清晰地了解到，"艰苦奋斗、大公无私、锐意进取、勇于开拓"的大禹精神与中华民族精神一脉相承，且这种精神的引力延续至今，活力仍然蓬勃、动力依然强劲。

本次调查工作始终遵循原真性、持续性和整体性的原则，在田野调查中，调查组竭力理清各个遗址遗迹是不是大禹文化真实的历史原物，以文字、照片的形式，立体而客观地记录不同历史时期、不同社会环境下的大禹文化遗址遗迹的全部信息。

调查工作采用完整的思维方式和学科性的调查逻辑，核心观念在于梳理大禹文化遗址遗迹，从传承现状与开发情况等维度，全面展现大禹文化和历史的魅力，凸显大禹文化的特色差异与价值功能，聚力推动人们关于保护大禹文化意识的觉醒。通过大禹文化遗址遗迹信息的收集整理，清晰地证明大禹精神的深刻性和实践性。

本书将大禹文化遗址遗迹整体编写为一体，并进行系统性的分类，不仅为大禹文化研究者铺垫起一条通衢，更在于集中性地研究大禹精神广泛和潜在的价值意义。大禹精神不只是文字符号、历史遗存以及空洞的理论，而更多是其将内修与实践紧密结合在一起产生的强大动能，这种动能恰是中华民族精神的一部分。如今，阿坝藏族羌族自治州大禹文化遗址遗迹的调查组开展调查工作三年有余，《图说阿坝禹迹》即将付梓面世，其艺术价值、文学价值、美学价值和现实意义都不言而喻。愿本书能成为大禹文化和你我之间的一座桥梁，起到文化对话、沟通交流的目的；也希望本书收集整理的一系列大禹文化遗址遗迹以及大禹精神能够成为照亮"无忧地·慢生活"国家级旅游度假区高质量发展之路的历史文化之光，普照阿坝、汶川大地；更希望本书能够成为历史文化传承创新和发展层面的一大载体，推动传统文化的传习、文化产业的创新振兴。

  本次田野调查中不可避免遇到了一些问题，幸运的是诸多学养丰富的大家、前辈和有志于大禹文化研究的朋友，给予了许多启示性建议。在此书即将付梓之际，对前期田野调查测绘制图尕让秀、内页文案陈晓华、摄影王小荣、后勤兰明安诚挚感谢！对支持、勉励、关心、帮助、协助、启示本书调查工作的所有人，谨致谢忱。

编　者

2022年6月